Amamère

Olivier Milhaud

AZAZEL

Une fable contemporaine

Auto-édition

ISBN 978-2-9557574-0-6
Couverture : Olivier Milhaud

« Tricher n'est pas jouer.»

■

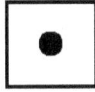

Le souffle coupé il arriva dans la rame du métro. Il avait couru pour ne pas prendre le suivant. Mais dans la bousculade, d'autres avaient eu la même idée. Compressée, la petite foule tanguait ivre à donner mal au cœur et l'oppressa dès l'instant où il entra. Menotté à son *attaché-case,* il ne savait où se mettre. Aussi son costume trois pièces le serrait de près, il se sentait à l'étroit, mal à l'aise. Il suait comme un cheval et ses nerfs agaçaient son corps, cette masse énorme qui l'encombrait et ne demandait qu'à se dérober. Soudain, la sonnerie retentit et tous comme un seul homme furent emportés dans le courant de la rame.

« On paye le prix de chaque chose » se dit-il tandis qu'il essayait de se frayer une place. Il cherchait du coin de l'œil le lapin tout en avançant, « Pardon, pardon », ce lapin qui se coince les doigts, « Pardon, pardon », cette affichette - image rassurante, qui chaque matin semblait le saluer. Vu le monde, le lapin était introuvable. Un monde les séparait. Il ne put l'apercevoir.

Oui, ce matin-là, l'affluence était contre lui. Et lui s'agaçait de ne pas avoir de place, assez de place. Il n'en avait jamais eu vraiment, songea-t-il, du moins pas celle qu'il aurait souhaitée. La foule, plus compacte encore, déborda à la station suivante tandis que lui cherchait par n'importe quel moyen d'éviter les regards. Depuis quelques temps, des yeux le traquaient, le cherchaient dans ses moindres faits et gestes. On avait payé des yeux pour le suivre, pour faire le sale boulot, il en était sûr. On voulait sa peau, on voulait le coincer, le réduire à une bête tandis que lui aspirait à autre chose, à tout autre chose.

Lui rêvait d'être un homme.

Ce matin-là n'était pas un matin comme les autres, il le sentit en entrant dans la rame. Ces derniers jours eux aussi se bousculaient dans sa tête, embrouillant sa raison de vivre. Son pelage s'était altéré, devenu plus roux qu'à l'ordinaire. La masse humaine abondant au fil des stations ne faisait que rajouter plus d'embarras. A la station *Chevaleret*, il ne tint plus. A bout. Ce corps était trop gros, trop important pour lui tout seul comme s'il lui fallait trouver l'endroit d'une douleur pour le ressentir. Tout en lui le poussait hors, c'est alors qu'il rua dans la masse agglutinée, envoya tout valser, un coup de pied en arrière de ce passé qui le rattrapait là en ce matin. Un coup nécessaire à sa respiration, à l'intégrité de ce corps devenu étranger. Il chercha une issue dans la foule. Fuir ! Fuir ! Il s'ébroua en un cri retentissant, une sorte de hennissement lointain. La foule en panique à son tour hurla, se mit en écho à hennir dans cette sorte d'écurie où une force miraculeuse, inhumaine les avait mis à bas. Il hurla comme une seconde naissance. La rame fut brisée, heurtée, choquée puis interrompue. Quelqu'un déclencha l'alarme. Le métro s'arrêta net. Les portes s'ouvrirent et semblaient réclamer la liberté. Lui, dans cette foule qu'il venait de trouer, fit face au vide avec envie. Fuir ! Fuir ! Lui aussi réclamait la liberté. Qu'on le laisse tranquille ! Il se fraya un chemin dans l'effroi et la panique des gens jusqu'à la porte de sortie. Quelques secondes d'hésitation, le temps enfin de respirer et son corps alors se déploya, déjà balayait les rues à la manière d'un galop comme si malgré lui la nature prenait le dessus, comme s'il cherchait à foutre tout en l'air, de l'enfance à ce jour de grand sursaut, comme si l'existence était devenue pour lui un ultime obstacle qu'il fallait dépasser. Il prit son élan et là dans l'extension de ses jambes avides où il se répéta encore cette phrase « On paye le prix de chaque chose », il sauta.

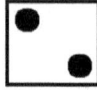

Quelques semaines auparavant, sa femme était sortie du mensonge comme d'un coma, lui dévoilant la vérité sur son compte à lui, son identité, l'obligeant d'aller consulter un psy. Quand il arriva rue de l'Abreuvoir, ses jambes flanchèrent. Il avait peur, oui, peur de ce qui l'attendait, de ce qu'il aurait à dire, à raconter, à répéter, les paroles de sa femme et tout le reste. Parler à un inconnu et qui plus est de choses intimes, qui touchaient à son intimité et de celle de sa femme, ça il avait du mal à le concevoir.

Il s'arrêta au café comme un sursis. Il but d'un trait ce qu'il commanda en oubliant ce qu'il avait commandé. Ensuite comme une éponge, il arriva au 6, au numéro 6 de la rue de l'Abreuvoir et là se figea une dernière fois comme pour reprendre une consistance. Il gravit jusqu'au troisième et, porte droite, il sonna. Le Docteur Vey le fit attendre dans une minuscule salle d'attente puis le pria d'entrer. Il s'installa. Il fixa le docteur.

« Vous êtes Fernando Gas ? demanda le psy.

- Oui, c'est moi.

- C'est votre femme que j'ai eue au téléphone, n'est-ce pas ?

- C'est ça.

- Pourquoi pas vous ?

- C'est elle qui a eu l'idée.

- Je vois. Qu'est-ce qui vous amène ?

- Je ne sais par où commencer exactement…

- Commencez où vous voulez, ici il n'y a ni début ni fin. Allez-y, appuya le Docteur Vey dont le ton engageant forçait la parole.

- Il y a une semaine, je suis rentré tard et là… là ma femme m'a dit qu'elle souhaitait me parler, que c'était important. Cela tombait bien, les enfants dormaient déjà. Devant son fer à repasser, elle m'a lancé tout de go : « Ecoute, Fernando, je crois que tu ne rends pas bien compte… De quoi ? lui ai-je répondu. Et elle de poursuivre : Oui, j'ai l'impression que tu ne sais pas ou que tu fais semblant, elle-même ne sachant plus vraiment où elle en était.

De quoi parles-tu ? insistai-je. Viens voir, me dit-elle, en me tirant vers notre chambre. Là, elle ouvrit le cinquième tiroir de notre commode et s'exclama : Qu'est-ce que c'est que ça ? Pardon, fis-je surpris, ça ? Oui ça, c'est quoi ? reprit-elle d'un ton agacé. Je ne comprenais rien de ce manège qui à mon tour m'irrita. Elle sortit une culotte et la déplia en guise de question puis elle répéta : Alors ? Qu'est-ce que c'est que ça ? C'est une culotte ! fis-je, que veux-tu que je te dise ! Oui, dit-elle, mais une culotte…

A ce moment du début de son récit, Fernando se mit à uriner. Une flaque énorme gagna les pieds du psy mais celui-ci, bien qu'intrigué, lui indiqua de poursuivre. Cet oubli du corps comme des bouches, le docteur Vey en avait l'habitude.

Oui, c'est ma culotte ! reprit Fernando Gas poursuivant son récit, c'est pour ça que tu voulais me parler, fis-je plus agacé encore. Tout une histoire pour une culotte ! C'est une culotte de cheval ! cria-t-elle, une culotte de cheval ! Là, je suis resté coi : Quoi ? ai-je réagi enfin. Qu'est-ce que tu racontes ? Une culotte de cheval ? Oui ! Une culotte de cheval ! insista-t-elle, tu vois bien que ce n'est pas une culotte d'homme, tu le vois, non ? Non, je ne vois rien. J'ai l'impression que tu ne vas pas bien, tentai-je de la calmer. Et moi j'ai l'impression que tu ne rends pas bien compte, pas bien compte que tu es un cheval ! » me cingla-t-elle enfin.

Voilà la raison qui a poussé ma femme à vous appeler. Elle n'avait peut-être pas tort. Disons, comment dirais-je, le mieux est que je vous dise tout simplement que je… oui, voilà, je suis un cheval. Ou plutôt, reprit-il comme pris en faute, j'ai été un cheval car aujourd'hui… oui, aujourd'hui… je suis un homme, comme tout le monde.

- Bien, ponctua le docteur Vey.

- Bien ? répéta Fernando, intrigué.

- Bon, commençons du début, si vous le voulez bien. Vous ne saviez pas que vous étiez un cheval ?

- Tout est remonté d'un coup, en effet. Depuis toutes ces années que je me suis efforcé d'être un homme, je veux dire comme les autres, quand ma femme m'a dit que j'étais un cheval, qu'au début elle ne m'avait rien dit, qu'elle avait joué le jeu, que depuis notre rencontre, notre mariage et les enfants, elle n'avait en effet rien dit, gardé le secret pour elle bien qu'en réalité, me dit-elle, tout le monde savait, tout le monde se taisait et faisait comme si. Moi, je n'y ai vu que du feu. Tout le monde paraissait tellement convaincu que j'étais un homme, je veux dire comme les autres, que j'avais complètement occulté, oui réussi à oublier ce passé, refouler n'est-ce pas, que j'étais d'autant plus surpris quand elle m'a annoncé cela. Je n'y croyais vraiment pas. Comme si depuis toutes ces années et chaque jour elle m'avait posé un lapin...

- Un lapin ? s'arrêta Vey puisqu'il avait à faire à un cheval.

- Oui, un lapin.

- Je vois.

- Et là, elle m'a demandé d'entamer un travail comme elle dit, que sinon notre couple était menacé, que notre couple ne pourrait durer plus longtemps si je ne faisais pas d'effort, un point sur mon identité, si je n'arrivais pas à me situer entre mon passé et ce présent.

- Arrêtons là. Venez jeudi.»

Fernando Gas se leva, paya et sortit.

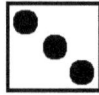

Fernando Gas fila à *Avoin'or*, la société dans laquelle il travaillait comme coursier depuis plus de dix ans. Celle-ci allait de mal en pis et allait être soumise à des remaniements. On parlait de rachat, de découpage, de délocalisation, de réduction des salaires. Bref *Avoin'or* n'était plus ce qu'elle était et le personnel non plus. Tout le monde avait peur. L'incertitude sur l'avenir rendait les bouches chaque jour plus pâteuses et plutôt que d'imaginer le pire, de ruminer la même peur, on faisait comme si on vivait dans le présent, comme si le présent existait pour de vrai.

Quand Fernando arriva, on lui annonça que c'était arrivé, que la boîte allait être rachetée, qu'un certain William Todd était sur le point de signer et de tout chambouler dans l'entreprise. Fernando ne s'inquiéta pas davantage, vu l'excellence de son travail et sa réputation qui n'était plus à faire.

William Todd était un homme petit et ténu. Têtu et obstiné. Il avait bien la tête sur les épaules comme si là il n'y avait pas de doute. Mais sa tête quittait souvent ses épaules pour interroger l'extérieur, aller se fourrer partout où il pouvait débusquer quelque négoce. L'affaire, il la sentait à la ronde. Du flair, il avait. Et la dernière, en effet, c'était *Avoin'or* - société de vente et d'achat de céréales - qui ces dernières années était bien en perte de vitesse ; il fallait un homme du genre Todd pour la reprendre et la redresser. Et c'est bien ce qu'il comptait faire. Il dirigeait déjà une des plus grosses sociétés de céréales dans le monde, *Son and Co*. Il possédait par ailleurs plusieurs haras en Normandie. Il comptait parmi les plus gros propriétaires et lors des grandes courses, raflait chaque fois les premiers prix. Quand on voulait le rencontrer, c'est sur un hippodrome qu'on le trouvait toujours. Un téléphone à la main, de là, il dirigeait ses affaires, achetant, vendant et pariant tout à la fois. Il jouait avec l'argent des autres, affirmant que l'argent appartient à tout le monde.

A l'instant où Fernando partait livrer de l'avoine, il croisa celui qui allait devenir son patron, William Todd en personne. Ce dernier le dévisagea.

« Votre tête me dit quelque chose…

- Ah ? fit Fernando, laconique.

- On ne s'est pas déjà rencontrés ? Votre visage… vous ressemblez à… dit le futur président , esquissant une grimace.

- Je ne crois pas, avait répondu Fernando en face de cet homme avide qui le dévisagea comme s'il cherchait à lui soutirer quelque chose.

- Je suis sûr de vous avoir déjà croisé, je suis sûr mais je ne me rappelle plus où. Peut-être sur un hippodrome ?

- Cela ne me dit rien, répondit Fernando, évitant toute reconnaissance.

- Pourtant, je suis sûr. » répéta William Todd tout en pointant son index sur lui.

Et tous deux s'éloignèrent, chacun se demandant de l'autre qui il était et où, en effet, ils avaient bien pu se rencontrer.

« William Todd, William Todd... Ce nom n'était pas inconnu aux oreilles de Fernando, ce nom cependant lui évoquait des souvenirs quelque peu troubles, plutôt désagréables. Cela me dit quelque chose, il doit avoir raison, nous nous sommes déjà aperçus mais où ? »

Refermant cette parenthèse, il enfila les livraisons. Les paroles de sa femme et la visite chez le docteur Vey remuaient en lui. Le chantage de sa femme ne lui plaisait guère et même sonnait faux. Et dire que tant d'années il avait mis à construire cette famille, ce couple où chaque jour il avait tout fait, oui œuvré à son embellissement. Et elle qui lui dévoilait ce mensonge. Que penser ? En même temps, si tout le monde le voyait comme un cheval sans rien dire, cela ne changeait rien au fond. C'est vrai, lui ne voyait pas les choses de la même façon. Si les hommes le voyaient comme cheval, qu'est-ce que cela changeait que lui puisse se voir comme un homme ? Et, en effet, qu'est-ce que cela pouvait bien faire ? Cependant, depuis les paroles de sa femme, cette impression s'était quelque peu altérée. Son identité de cheval refaisait surface, montrait le bout de ce passé qu'il avait mis de côté depuis longtemps. Et la donne faisait que lui aussi commençait à douter d'être un homme.

« T'es là ?

- Oui, comme tu vois.

Tout grouillait autour, des gens comme des fourmis qui rentraient et sortaient, un billet à la main qui ne tarderait pas à être plus ou moins gagnant. Ou perdant. Tout le monde *faisait le papier*[1]. Des cris échappaient de l'hippodrome, des robes s'envolaient dans l'air embaumé du crottin et des parfums d'hommes. Quelques parfums de femme aussi fleuraient et se mêlaient à celui du jeu. Sur le *paddock*[2], ça s'agitait. Dans les tribunes, les uns criaient déjà alors que la course n'avait pas encore commencé, croyant qu'en criant plus fort, leur voix pesait, poussait le cheval sur lequel ils avaient misé tandis que d'autres se mordaient les doigts d'impatience, les yeux rivés sur leur billet.

- T'as joué ?

---

[1] Etudier les courses pour établir des pronostics.

[2] A l'entrainement, lieu où les chevaux se promènent et se détendent.

- Oui, cinq mille placé.
- Ah ! sur qui ?
- Belle du Seigneur.
- Belle du Seigneur ? cotée 70 contre un ?
- Je sais.
- T'as des tuyaux ?
- Chut, moins fort, plus tard je te mettrai au parfum.
- Et ton poulain ? Vent en poupe, il ne court pas ?
- Justement, je te raconterai. Entre nous soit dit, ce n'est plus un poulain, il va bientôt avoir trois ans.
- Daisy m'a dit, oui, elle a appris que t'avais racheté, ça y est ! mes félicitations !
- Merci. Tu sais, j'ai croisé là-bas, je veux dire en allant signer à *Avoin'or*, un type, un coursier qui ressemble à... non, que j'ai déjà vu quelque part, que je connais et... depuis ce matin... je n'arrive pas à mettre un nom dessus.
- Ah oui ! Moi aussi ça me fait ça avec Daisy des fois.
- Avec Daisy ?
- Bah oui, tu sais ça fait à peine un an qu'on est ensemble, je l'aime bien cette fille tu sais, même si elle est un peu étrange. Seulement parfois, j'oublie son prénom, j'ai du mal à m'y faire, Daisy, ça sonne bizarre non ? Ça te fait pas penser à... ?
- Ça y est !
- Quoi ?
- J'ai retrouvé... le type ! Je crois savoir qui c'est, il faut que je...
- Ah oui, c'est qui ?
- Faut que je te laisse !
- Et la course ?
- Tiens je te laisse le ticket, je dois y aller !

- Mais ?

- A plus tard !

- A plus… »

William Todd quitta en hâte son ami George Truman-Horse qui était aussi entraîneur pour son compte. Il eut tout à coup une sorte de fulgurance comme quand chaque fois il s'enflammait pour une nouvelle affaire. Le visage de Fernando Gas insistait à sa mémoire et la matinée ne put lui échapper autrement qu'en cherchant qui était derrière. Il sauta dans sa chevrolet coupée – 116 chevaux – et fila à *Hipporama*, le journal des courses consulter les archives. « Cet homme est un cheval, cet homme... » répétait-il tout en s'agitant. Là-bas, il avait ses passe-droits vu l'importance qu'il représentait dans le domaine des courses. De plus, il jouissait de nombreuses relations. Etant du sérail, on lui permettait d'accéder aux fichiers. « Cet homme… c'est lui, ce cheval que je… » Les souvenirs refluaient en effet plus il se rapprochait des preuves que sa mémoire avançait. Comme tout n'avait pas encore été informatisé, il dut farfouiller dans la poussière. Bientôt il retira les précieux dossiers qui au fur et à mesure des années s'étaient empilés, accumulés dans le fatras et la masse du temps.

« 1985, 1986, non plus tard… 1987… Oui, non c'était plus tard… Où sont les années 90 ? Non, pas là, pas là… Quel bordel ici ! Chaque fois qu'une chose ne lui cédait pas immédiatement, il se mettait en colère, cela l'agaçait. Ah ! j'y suis ! 1990 !» Il passa en revue le catalogue des courses, des grands prix auxquels déjà il avait pris part comme propriétaire. Enfin, il eut un sourire de satisfaction, mais avant de se réjouir entièrement il voulut confirmer son pressentiment : la taille, l'âge, le poids, la crinière, le pelage, oui tout concordait ! « C'est lui ! Azazel ! c'est lui, j'en étais sûr ! j'en étais sûr ! Prix d'Amérique 1993 ! Azazel mais bien sûr ! comment ne l'ai-je pas reconnu avant !»

Il trépigna de joie avant de redevenir tout à coup pensif. Il préparait la suite des événements, à n'en pas douter. Et, en effet, n'en doutons pas car William Todd balayait toujours l'ombre d'un moindre doute.

Quand Fernando revint le lendemain, on l'informa que le sous-directeur d'*Avoin'or* voulait le voir.

« Vous m'avez fait convoquer ?

- Oui, Fernando, asseyez-vous.

- De quoi s'agit-il ?

- Vous n'ignorez pas évidemment qu'*Avoin'or* a été racheté.

- En effet. Et j'espère que…

- Je vous arrête tout de suite, vous ferez encore partie d'*Avoin'or*.

- Je suis heureux de l'entendre.

- Seulement voilà, le président encore en poste, Monsieur Encel, a reçu un coup de fil de William Todd, notre futur président, ce matin même et il semblerait qu'il a pour vous d'autres projets.

- D'autres projets ? c'est-à-dire ? Je ne serai plus coursier dans l'entreprise ?

- Il se trouve, si je ne m'abuse, comment dire… Il hésitait. Il se trouve qu'en tant que nouveau Président de l'entreprise, étant donné votre passé, je répète là ce qu'on m'a dit, je l'ignorais, j'avoue que je l'ignorais, votre passé disais-je de cheval de course, il y aurait une rumeur comme quoi William Todd, votre nouveau Président donc, voudrait vous remettre en selle si je puis dire, il veut que vous repreniez les entraînements dès la semaine prochaine sur l'hippodrome de Longchamp.

- Pardon ? Je ne comprends pas. Je ne suis pas un cheval.

- Ecoutez, cela est délicat, nous nous connaissons depuis longtemps déjà, depuis dix ans au moins et...

- Je vous assure que je ne suis pas...

- Pourquoi le nier ?

- Nier ? Dans tous les cas, il est hors de question que je fasse des courses !

- Pour le moment, il n'en est pas question, rien a été prononcé dans ce sens et je crois ne pas me tromper en avançant cela, non rien n'a encore été décidé. Pour le moment, notre futur Président ne souhaite que vous faire courir, seulement courir. Vous êtes coursier, vous courez déjà et, entre nous, tout le monde court du matin au soir, n'est-ce pas ? Alors, qu'est-ce que cela changerait ? Il rit tout seul. Dans quel but, je l'ignore mais peut-être est-ce seulement pour améliorer vos performances de coursier, c'est tout.

- Je ne crois pas. Et au hasard non plus.

- Ecoutez, je ne sais quoi vous dire. Vous verrez avec lui...

- Je veux parler au directeur.

- Il est occupé à régler les derniers points de la reprise de l'entreprise...

- Alors je veux voir le Président.

- Ecoutez Gas, vous ne pourrez rien, vous ne pouvez le déranger, le Président ne vous recevra pas.

- Je veux le voir. Je n'accepte pas…

- Non, ce n'est pas raisonnable, dit le sous-directeur tandis que Fernando se levait pour sortir.

- C'est ce qu'on va voir.

- Je ne vous le conseille pas, Fernando… »

Fernando hors de lui prit la porte et enfila aussitôt les escaliers qui séparaient le sous-directeur du directeur puis ceux encore du directeur au Président. Au dernier étage, la secrétaire du Président voulut l'empêcher d'entrer mais tandis qu'il haussait les épaules tout en l'ignorant, il poussa un court hennissement qui effraya la jeune femme qui recula aussitôt. Il fut surpris, voilà des années qu'il n'avait plus henni. Il pénétra dans le bureau sans même frapper.

« Monsieur le Président ?

- Oui ?

- Fernando Gas, coursier dans… Quand il entra, il fut immédiatement arrêté à la vue d'une tête de cheval empaillée qui trônait au-dessus du bureau du Président.

- Ah, oui, Fernando Gas, justement, vous tombez bien. Ne vous formalisez pas pour cette tête de…

- Qu'est-ce que c'est que cette histoire de… ?

- En effet, fit-il en esquissant un sourire remonté… c'est vous qui nous aviez caché votre passé de cheval de course, n'est-ce pas ? Vous êtes un cachottier, William Todd lui–même nous a dit…

- Je le répète, je ne suis pas un cheval, je suis…

- D'après ce qui m'est remonté, vous avez été un excellent coursier à *Avoin'or* et je n'ai pas manqué d'en informer votre futur Président. Mais il le sait d'autant plus que c'est lui qui m'a appris que le grand prix d'Amérique vous a échappé d'une place seulement il y a quelques années ! Je comprends mieux alors vos performances chez nous…

- Mais je n'ai pas signé de contrat qui m'engage comme cheval.

- Et en tant que quoi alors ?

- En tant que coursier, en tant que… comme vous et moi, je veux dire…

- Comme vous et moi ?

- Oui, comme vous… en tant que…

- Non, Monsieur Gas, c'est bien en tant que cheval que nous vous avons recruté. C'était d'abord et avant tout vos qualités de cheval, vos atouts… et je dois le dire, cela n'est pas négligeable pour notre entreprise qui vend des céréales, vous comprenez, que vous soyez un cheval présente des avantages…

- Mais sur mon contrat, rien n'est mentionné de la sorte, et puis tout cela est absurde. Jamais il n'a été évoqué en dix ans mon identité de cheval, je ne comprends pas. Il n'est nulle part écrit…

- Relisez votre contrat.

- Quoi ?

- Les termes de votre contrat, relisez-les. Il fit appeler sa secrétaire qui revint avec le contrat de Fernando. Elle s'excusa sitôt après avoir remis le document au Président de n'avoir pu empêcher Fernando d'entrer.

- Je ne vois rien, dit Fernando tandis qu'il cherchait partout des yeux.

- Ecoutez Monsieur Gas, on ne peut ignorer un état de fait. Ici, lisez : « En cas de reprise de l'entreprise » tenez, là en voici les termes. Le Président continua la lecture : « Si à tout hasard en tant que meuble ou immeuble un cheval avait été glissé au titre de propriété ou au rang de personnel dans l'entreprise, si, dans le cas d'un rachat d'entreprise, il est discuté la mention légale du dit animal, ce dit animal en effet sera sujet ou objet dans le cadre de la dite vente soumis au titre de propriété. » Qu'est-ce que je vous disais ! Vous êtes bien un cheval, n'est-ce pas ?

- Je vous répète que je…

- C'est donc en tant que cheval que vous appartenez désormais à votre nouveau Président, William Todd. Et, je crois qu'il demande que dès la semaine prochaine, vous commenciez les entraînements.

- On m'a informé en effet… Mais comment cela est-il possible qu'après autant d'années, vous comprenez, moi je ne comprends pas, je ne comprends plus rien…

- Il n'y a rien à comprendre, Monsieur Gas, nous vous avons fait la fleur de ne rien dire pendant dix ans, s'il vous plaît aujourd'hui, ne la chiffonnez pas.»

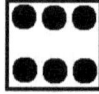

Quand Fernando revint rue de l'Abreuvoir, il avait soif. Il passa au café d'abord pour se rendre une consistance. Il n'allait pas fort. Besoin de s'épancher.

« Comment allez-vous ? demanda le Docteur Vey.

- … Fernando soupira.

- Cela ne va pas ?

- Cela recommence, souffla-t-il de nouveau.

- Qu'est-ce qui recommence ?

- Comme quand j'étais petit.

- Vous voulez dire… ? Asseyez-vous.

- Oui, comme quand j'étais petit. Fernando s'affala sur le divan, accablé. On veut m'entraîner encore, m'entraîner à quoi, je me le demande, cela fait si longtemps que j'étais libéré de ces entraînements, je pensais que plus jamais je n'aurais à courir… à courir sur le temps lui-même…

- Vous dites cela comme si vous étiez obligé, qui vous y oblige ?

- William Todd, le nouveau Président d'*Avoin'or*, l'entreprise dans laquelle je travaille. C'est lui qui veut me remettre dans la course.

- Et vous disiez que petit… ?

- C'était mes parents alors qui m'obligeaient chaque jour à courir, courir, courir… A quoi sert de courir ? Cela n'a jamais eu de sens pour moi. Eux, ils me voyaient faire carrière, rêvaient pour moi ou plutôt à ma place de devenir le plus grand cheval de course de tous les temps, ils voulaient m'envoyer dans une grande écurie, disant qu'il me fallait le mieux, toujours le mieux. Vous savez, je suis né dans un haras entre Pont-l'évêque et Beaumont-en-Auge. Quand on naît racé, pur-sang comme moi, on ne peut échapper à son destin. J'étais promis à un grand avenir, ça je l'ai entendu maintes fois, vu que je réunissais les deux qualités d'un cheval de course, vitesse et endurance… et pourtant… Au départ, c'est vrai, j'acceptai de croire à la réussite qu'ils avaient à la bouche, me rêver moi-même dans leurs projections. Oui, j'ai joué le jeu pendant trois ans. J'ai suivi à la lettre ce que leurs lèvres rêvaient. Notre enfance est toujours une seconde enfance pour nos parents, une sorte de seconde chance. Que pouvais-je faire sinon que de les croire ? J'ai même failli avec tout ça remporter le grand prix… d'Amérique et…

- Pardon ? dit le psy, entendant au ton de Fernando qu'il y avait là autre chose qui venait dans ses paroles.

- D'Amérique. Oui j'ai failli… Ah oui ! cela me revient, William Todd ! C'est lui, c'est ce William Todd qui à l'époque lorgnait ma propriété. Il avait tenté de m'acheter. Je me disais bien que je l'avais déjà vu quelque part. A cette même époque… Son visage s'est marqué depuis mais il a toujours la même avidité dans le regard. Oui c'est vrai, mes parents... Attendez, autre chose me revient... mes parents m'avaient offert pour m'encourager à remporter l'année suivante le grand prix d'Amérique, oui, offert une chevalière, une chevalière en or que j'arborais fièrement mais... qu'est-elle devenue ? Tiens, c'est vrai, je portais alors une chevalière, je ne me rappelais plus et... Il s'interrompit. Son souvenir se brisa aussitôt. Puis il reprit le fil de son récit.

« Mais assez rapidement, je quittai les manèges, les écuries, les hippodromes tout ce petit milieu dans lequel j'étouffais. Non, courir n'était plus pour moi, je voulais autre chose, je désirai m'ouvrir, rencontrer d'autres personnes, pas que des chevaux vous comprenez et dans ce petit milieu, je veux dire entre les manèges et les pistes de course, on a vite fait de tourner en rond et de rencontrer toujours les mêmes personnes qui parlent cheval et écurie toute la journée. Mais ai-je eu le choix ? Non, je n'ai pas eu le moindre choix à cette époque ! Jamais ! A quoi sert de courir ? C'est pourquoi je suis parti à point ! oui, parti sans rien dire. Personne ne me comprenait. J'ai dû tout briser, tout abandonner, faire une croix définitive sur mon passé, gagner la ville pour devenir quelqu'un, quelqu'un je veux dire, un tout à chacun, oui... comme vous et moi. Au début, cela fut très difficile mais petit à petit, oui enfin j'ai réussi à me sentir libre. J'ai eu pour la première fois l'impression d'exister, de sentir, de respirer, de ressentir les choses, tout ce qui m'arrivait alors. Avant, tout était à sa place, tout était calculé, tout en effet était à sa place excepté moi. Moi, je n'existais pas. Une ombre, une ombre de mes parents, une ombre de leurs désirs, de leurs paroles, de tout ce qu'ils avaient décidé depuis longtemps sans moi. Aujourd'hui, comme vous le savez, j'ai une femme et deux enfants que j'aime. Je veux bien qu'on court après quelque chose à condition de savoir pourquoi, n'est-ce pas ? Moi j'ai toujours aspiré à être un homme, un homme comme les autres, au fond.

- Je vois. Qu'allez-vous faire ?

- Vous voulez dire ?

- Ces courses ?

- Non, c'est terminé. Me remettre en selle, les entraînements, tout ça je ne pourrai pas ! Je ne veux pas !

- Êtes-vous un homme ou un cheval ?

- Je ne sais plus. Tout ce que je sais, c'est qu'avant que William Todd ne réapparaisse dans ma vie, ajouté à ça les paroles de ma femme, jusque-là tout allait bien, j'étais un homme comme les autres, du moins c'est que je croyais. Mais aujourd'hui je ne sais plus vraiment où j'en suis. Homme ou cheval, homme, cheval, est-ce que cela a de l'importance, finalement ?

- C'est à vous de répondre.

- Je ne peux pas. Et depuis que ma femme m'a relancé dans ce passé, j'ai des nuits agitées. Je dois vous avouer, oui, je fais des rêves de chevaux de bois qui tournent de plus en plus vite, de plus en plus vite dans une sorte de manège que je ne peux arrêter, fit Fernando le visage secoué tout en figurant d'un doigt le mouvement circulaire. Il y a aussi des chevaux à bascule vous savez, ils hennissent la nuit entière, crient dans mes oreilles et me laissent au matin un mal de crâne persistant.

- Je vois.

- Moi, je ne vois plus rien, je ne distingue plus rien.

- A jeudi monsieur Gas. »

Encore ému, Fernando se leva, paya et sortit.

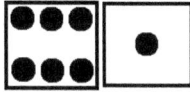

« C'est à toi de jouer papa, dit Ânette la fille de Fernando.

- Non, c'est à moi, reprit Domino son frère.

- C'est à moi, en effet dit Fernando. J'ai fait un , je peux sortir de l'écurie. Domino, quand tu fais un , tu peux sortir de ton écurie et tu peux rejouer, tu comprends ? Domino fit un tour sur lui-même en guise d'approbation et finit d'un hochement de la tête. Fernando tomba de l'œil sur les sabots de son fils et pour la première fois réalisa sa crinière qui, peu à peu, recouvrait sa tête. Son passé remontait à la vue de ces détails dont ses enfants avaient hérité. Comme si pour la première fois il les découvrait. La robe de sa fille, ce pourpre si particulier. Et sa queue de cheval, proéminente alors, il se demandait avec une drôle de rigueur pourquoi la petite Ânette l'avait derrière la tête quand lui Fernando l'avait sur le derrière. « Drôle de nature », pensa-t-il tandis qu'il reprenait les dés pour faire avancer son pion.

- Hii ! Hii ! fit Domino qui essayait de faire le cheval.

- Arrête… dit gentiment Fernando. Mais Domino s'essaya de nouveau.

- Hii ! Hii !

- Ce n'est pas comme ça qu'ils font les chevaux, dit Ânette. Papa… Papa, tu peux nous faire le cheval ?

- Non, pas maintenant, on joue.

- Oh si, s'il te plaît, papa, s'il te plaît, insista Domino.

Fernando pris de cours, s'exécuta.

- Hlii ! Hlii… ! Fernando avait beau essayer de faire le cheval, il n'y arrivait pas. Ses cordes ne répondaient plus. Hlii ! Hlii… ! En vain. Sa femme Mira passa à ce moment et lui jeta un drôle de regard qu'il comprit aussitôt. Il ne fallait pas inquiéter les enfants, ne pas les perturber sur leur identité tant que lui Fernando n'aurait pas réglé ses antécédents. En même temps, voilà des années qu'il n'arrivait plus à hennir, qu'il n'agissait plus en cheval. Il savait mieux aujourd'hui se servir d'une cuiller ou prendre une douche que de sauter un obstacle. Non, il n'y avait vraiment pas de risque, il n'y avait vraiment pas à s'inquiéter.

- C'est pas un cheval, ça ! dit Domino.

- C'est nul. On dirait un lapin, renchérit Ânette.

- Je ne suis pas un cheval, les enfants. Ni un lapin, c'est aussi simple que ça. En même temps, ses enfants le confirmaient dans la résolution qu'il avait prise depuis tant d'années d'être un homme. « Au moins mes enfants me reconnaissent à ma juste mesure. », songea-t-il. Il alla même jusqu'à douter un jour d'avoir été un cheval.

- C'est à mon tour, dit Ânette. Elle lança les dés. J'ai fait un ⚅ moi aussi, je peux sortir et un ⚄. Un, deux, trois, quatre, cinq ! cria Ânette en dégageant le pion de son père. Et voilà Papa ! tu as perdu, tu dois retourner à l'écurie.

- Et avant de sortir, il faut refaire un ⚅, ajouta son frère qui avait bien compris la leçon, surtout à l'endroit de son père.

- Je sais, Domino, je sais, dit Fernando.

- C'est comme chez *Tout-en-or*, poursuivit Domino.

- Qu'est-ce que tu dis ?

- Je dis qu'à *Tout-en-or* aussi.

- *Avoin'or*, rectifia Ânette.

- *Avoin'or* ! confirma Fernando. Qu'est-ce que tu racontes ?

- Qu'à *Avoin'or* ils veulent, le Président veut que tu retournes à l'écurie.

- Qui t'a dit cela ?

- C'est maman qui disait au téléphone, l'autre jour, que le Président « tout-en-or » te traitait comme les chevals…

- Ne dis pas ça, Domino, tu ne sais pas de quoi tu parles, tais-toi.

- Tu vas faire des entraînements ? demanda Ânette.

- Non, non… Décontenancé, Fernando pour la première fois, se mit à hausser le ton. En plus, on dit les chevaux ! pas les chevals, Domino, les chevaux ! Chaque fois il prenait sur lui, contenait la voix de peur de hennir, qu'un hennissement sorte malgré lui.

- Mais maman a dit… poursuivit Domino.

- Tais-toi ! cria-t-il plus fort.

- Maman a…

- Qu'est-ce que je… ? Il s'arrêta brusquement quand il sentit la bave lui sortir de la bouche.

- Qu'est-ce que j'ai fait ? se mit à pleurer Domino, se

recroquevillant sur ses sabots en voyant son père qui écumait de rage. Ânette l'imita, se mit aussi à sangloter.

- Que se passe-t-il ? dit Mira qui entendit des pleurs du salon. Qu'est-ce qui se passe ?

- C'est papa, dit Ânette, c'est papa qui nous a crié dessus, nous, on a rien fait.

- Bon, on arrête ce jeu ! cria Fernando en faisant sauter les chevaux par-dessus le jeu tandis qu'il essuyait le reste de bave qui suintait encore à sa bouche. Il faut que je parle à votre mère. Quand les enfants ne furent plus à portée de voix, Fernando s'adressa à sa femme. Qu'est-ce que c'est que cette histoire de téléphone ?

- Quel téléphone ?

- Domino a entendu je ne sais quelle conversation où tu racontais que je devais reprendre les entraînements. Tu me dis de faire attention et toi... tu...

- Ecoute, je ne suis pas au courant mais il faudra bien leur parler un jour ou l'autre de toute façon.

- Alors laisse-moi leur dire.

- Tu es fou, pas maintenant, le petit ne comprendrait pas, non il est trop jeune, il est trop tôt encore.

- Trop tôt ? Peut-être que plus tard, il sera trop tard, non ? Avec ce qu'il a entendu maintenant, il faut que je lui parle. Que je remette les points sur les i.

- Ecoute, donnons-nous encore un peu de temps.

- En tous cas, il faut que nous ayons une explication, toi et moi, j'ai l'impression que les choses ne sont plus comme avant. Depuis que tu m'as renvoyé à ce passé de cheval, que tu m'as avoué ce mensonge depuis toutes ces années, que tu faisais semblant, oui, j'ai l'impression que quelque chose est cassé, que les choses ne seront plus jamais comme avant, je me trompe ?

- Je ne sais pas. Peut-être est-ce toi qui m'a menti en ne révélant rien sur ton identité de cheval, en faisant comme si de rien était. Pourquoi serais-je seule responsable ? Tu sais, j'étais jeune quand nous nous sommes rencontrés. Peut-être je voulais faire du mal à mes parents, en tous cas je voulais leur prouver que c'est moi qui décidais alors, que c'était ma propre vie et non la leur. Aujourd'hui, tout s'embrouille dans ma tête, l'amour que j'ai encore pour toi, les enfants et puis l'avenir, je ne sais pas. Je ne sais plus en effet où j'en suis. Mes parents n'ont jamais vraiment accepté que j'épouse un cheval, ils ne comprenaient pas pourquoi j'avais fait un tel choix. Ils aimaient les chevaux comme tout le monde mais de là... Ils ont toujours cru que c'était contre eux que je t'avais épousé. Ils te voyaient comme un cheval, c'est sûr. Moi, comment je te voyais ? Homme ou cheval, je ne sais plus. Ensuite ce n'est pas pour rien si papa s'est mis à jouer aux courses...

- Lui ? Sans doute parce que sa fille n'a pas misé sur le bon cheval !

- Il n'a jamais gagné... et maman s'est mise à acheter... Elle hésita.

- A acheter ? fit Fernando, pressant.

- De la viande chevaline...

- Quoi ? s'exclama-t-il.

- De la viande chevaline mais... toujours en douce, toujours en ton absence évidemment.

- Encore heureux ! De la viande chevaline ! Il se mit à écumer.

- Je leur ai fait jurer de ne rien te dire pour éviter tout conflit. Je suis sûre qu'aujourd'hui encore ils sont très malheureux que leur fille ait épousé un cheval et cela, au départ, je m'en fichais. Je ne voyais dans leurs reproches que de la provocation à mon égard comme eux ont cru que c'était par provocation aussi que je t'épousais. Mais il est vrai aujourd'hui en voyant grandir nos enfants, je m'interroge, je me fais du mouron aussi. C'est vrai, que deviendront-ils ? Homme, femme... cheval... ? Pardonne-moi, je ne sais plus ce que je dis.

- Je tombe de haut en effet. J'avais bien sûr compris qu'ils ne m'aimaient pas beaucoup mais de là à imaginer que ta mère puisse acheter de la viande chevaline, là j'avoue que... Et pourquoi me dis-tu cela maintenant ? Quant aux enfants, il fallait y penser plus tôt, non ? Les enfants, ils sont là et ils n'ont rien demandé !

- Je préfère te dire la vérité. De toute façon le moment n'est jamais le bon moment pour dire des choses délicates, difficiles.

- Oui mais avec ce qui se passe en ce moment à *Avoin'or*, j'ai du mal moi aussi à faire la part des choses. A savoir aussi si tu es de mon côté ou du leur. J'aurais justement en ce moment précis besoin de soutien et pas seulement celui du Docteur Vey.

- Excuse-moi, je devais te dire cela, cela est important pour moi, pour nous aussi. Tu sais, depuis que je fais ce travail, j'ai compris beaucoup de choses de ma vie, je réfléchis tous les jours à ce qui nous unit et nous sépare. Je fais le point chaque jour et le défais chaque nuit. Nous avons besoin de temps pour comprendre ce qui se passe, ce qui nous arrive. »

La conversation se referma là. Le jeu de petits chevaux trônait au milieu de la pièce comme un jeu qui n'en était plus un, un jeu devenu soudain sérieux.

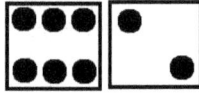

Le lendemain, quand Fernando arriva à *Avoin'or*, il trouva posés sur son bureau un bouquet de carottes et trois salades : une scarole, une laitue, une batavia. Ces cadeaux étaient accompagnés d'un mot signé de Todd, lui rappelant le plaisir qu'il aurait à travailler avec lui prochainement – en tant que cheval. Il lorgna les carottes avec une certaine envie. Quant aux salades, tiens, c'était étonnant, pensa-t-il, il en avait rêvé la veille. Mais, venant de Todd, l'envie lui passa. Mais avec ce qu'il traversait, il n'avait aucune raison de se réjouir, ni tellement d'appétit. Il n'en eut d'ailleurs pas le temps car la sonnerie du téléphone retentit.

« Allo ? dit Fernando.

- …

- Allo, qui est l'appareil ?

- Fernando, bonjour, ici votre Président, votre nouveau Président…

- William Todd ?

- Lui-même.

- …

- Ecoutez, je vais être direct avec vous, je sais qui

vous êtes.

- Moi aussi.

- Je n'irai pas par quatre chemins. Je sais votre passé.

- Et alors ? Je suis Fernando Gas, coursier chez *Avoin'or*, chez vous désormais. Voilà pour le présent.

- Pas exactement, Monsieur Encel ne vous a rien dit ?

- Cela dépend de quoi vous parlez ?

- De votre nouvelle attribution.

- Vous voulez dire ?

- Je souhaite vous remettre dans la course, Fernando, ou plutôt A-za-zel !

- A-za-zel ? Ce nom fit l'effet d'une bombe dans la mémoire de Fernando, ce nom, il ne l'avait plus entendu depuis l'époque où il courait dans les hippodromes. Cela faisait si longtemps qu'on ne l'avait plus appelé par son nom de cheval de course. Et, soudain, comme un brusque et violent retour en arrière, il entendit de nouveau hurler ce nom, l'entendit comme une voix venue d'ailleurs. De ce passé aujourd'hui révolu, jaillirent à sa mémoire ces cris, ces hurlements poussifs pour le faire avancer, oui le pousser au bout de ses forces ! des voix inhumaines qui martelaient son nom : Azazel ! Azazel ! Que lui voulaient-ils ? Ce nom, il l'aurait bien effacé à tout jamais. Et il avait tout fait pour oublier ce passé, construit des remparts à sa mémoire pour éviter que ça déborde, que ça fasse retour ! Et là tout à coup son passé le rattrapa, resurgit en la voix de Todd à ce seul nom prononcé : Azazel ! Courir, courir, courir toujours et toujours plus vite pour ne plus entendre ces voix, pour tenter d'y échapper, voilà pourquoi il avait failli remporter la victoire.

Car une autre voix par-dessus les autres lui avait soufflé de fuir, s'enfuir à n'importe quel prix ! A-za-zel ! Une bombe que peu à peu toutes ces années qui suivirent arrivèrent cependant à désamorcer. Il se calma, reprit ses esprits.

- Azazel ! Oui, souvenez-vous, vous aviez manqué de peu la première place du grand prix d'Amérique en 1993, n'est-ce pas ? La voix frénétique de Todd fit frissonner Fernando.

- Je ne comprends pas de quoi vous voulez parler.

- Allez, ne faites pas l'innocent, ayez la souplesse de dire la vérité, vous savez très bien...

- Tout ça est derrière moi depuis longtemps...

- Parlons du présent alors, pour le présent, j'ai à vous dire que nous allons travailler ensemble très prochainement. Je souhaite que la semaine prochaine, nous nous retrouvions à l'hippodrome de Longchamp pour parler de la suite.

- Je ne sais pas si je viendrai, je ne sais pas si ma place est encore à *Avoin'or* dans ces conditions.

- Les conditions restent à définir, c'est pour cela que je vous demande de me retrouver la semaine prochaine, venez, nous en discuterons. A part lui, Todd se dit qu'il faudrait prendre en filature ce cheval qui risquerait bien une fois de plus de s'enfuir. Et, selon lui, il ne pouvait lui échapper une seconde fois.

- Nous verrons. »

Fernando raccrocha. Il se demanda ce qu'il pouvait espérer alors. Que faire en effet ? Subir le sort que lui réservait le nouveau Président ou bien fuir, fuir de nouveau pour reconstruire une vie ailleurs ? Mais cette fois-ci il y avait ses enfants, Ânette et Domino.

Il ne pouvait les abandonner. Quant à sa femme Mira, il ne savait plus sur quel sabot danser, il ne savait plus s'il y avait une chance de retrouver et partager encore quelque chose qui ressembla à de l'amour après les révélations qu'elle lui avait faites.

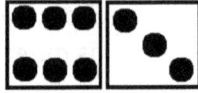

« Allo ?

- Allo, oui ?

- Fernando Gas ?

- Oui, c'est moi, qui est... ?

- Docteur Vey... »

Fernando raccrocha immédiatement. Il avait peur. La simple voix, surtout le nom prononcé du docteur Vey l'effraya. Il ne savait pas pourquoi, du moins pas encore. Il se toucha l'oreille en signe d'anxiété.

La sonnerie se répéta, il hésita puis finit par décrocher.

« Allo, Fernando Gas ?

- Oui...

- Je vous ai attendu hier. Que se passe-t-il ?

- Excusez-moi, j'ai eu peur. De nouveau, il se gratta nerveusement l'oreille.

- Peur ? Que racontez-vous ?

- Oui, peur de vous.

- De moi ? Et pourquoi ? N'est-ce pas de vous, de ce qu'il vous arrive plutôt ? Dites-moi, racontez-moi. Tout à coup comme s'il se trouvait en face du docteur Vey, la mémoire s'efforça au-dessus de lui de prendre la parole.

- Voilà, c'est ce rêve…

- Je vous écoute.

- Je vous avais raconté ces rêves de chevaux de bois, de chevaux à bascule…

- Oui, je m'en souviens.

- Oui, et aujourd'hui ou plutôt ces dernières nuits, j'ai rêvé d'oreilles. En même temps qu'il prononçait ces mots, le souvenir de ce rêve réapparaissait à sa conscience comme à ses propres oreilles. Lui-même s'étonnait des mots qui sortaient.

- Précisez.

- D'oreilles de cheval.

- De cheval ?

- Oui. Je ne sais pourquoi, j'ai eu très peur au réveil et cela s'est répété pendant toute la semaine passée. Je ne sais pas pourquoi, ces oreilles m'ont rappelé que je vous avais parlé de chevalière et… j'ai eu comme l'impression que depuis que je vous en ai parlé tout semble se raccrocher, tout semble être là dans ce souvenir que je n'arrive plus à retrouver, dans ce souvenir qui fait comme une pièce très importante de ce puzzle. Comme une pièce à conviction.

- De quelle conviction s'agit-il ? tandis que dans la tête du docteur, la forme de l'oreille se retourna – le V était bien une oreille retournée – et le V dont parlait Fernando évoquait son nom à lui, le Docteur Vey – le Vey.

- Je ne sais pas. Ces oreilles, je crois bien en fait que c'étaient les vôtres, comment dire, ce cheval était tout retourné, il était là à l'envers de ce décor dans cette pièce, je veux dire de votre cabinet et après cet épisode de la chevalière que j'avais définitivement perdue, je réalisai que je l'avais perdue puisque son souvenir aussi échappa. Pourquoi et comment cette chevalière a-t-elle disparu ? Et pourquoi est-ce si important, je ne sais plus. Et c'était comme si les deux choses dans mon rêve étaient associées. Retrouver le souvenir de cette chevalière c'était l'enfiler au doigt, de qui ? je ne sais pas, du moins la retrouver, vous comprenez.

- Je vois.

- Comme lorsqu'on vient au monde et que durant l'existence, on ne finit jamais de réaliser que cela a eu lieu. Comme une question sans réponse. Tout est confus en ce moment. Vous savez ma femme m'a avoué que sa mère achetait de la viande chevaline, je n'aurais jamais imaginé une chose pareille après tant d'années passées ensemble. Et quand je dis cela, je pense surtout à mes enfants, mes enfants dont leur mère aujourd'hui semble renier l'origine, du moins de mon côté, du côté cheval. Enfin, pour revenir à mon rêve, j'avais une question à vous poser.

- Je vous écoute.

- Est-ce que vous… ? Oui, tout est confus en ce moment. Excusez-moi, je dois absolument vous poser cette question, c'est très important pour moi…

- Allez-y.

- C'est que…

- Dites !

- Est-ce que vous êtes un cheval ?

- …

- Parce que si vous n'êtes pas un cheval, vous comprenez, il est difficile dans ces conditions de continuer les séances avec vous, parce qu'il me semble important que vous compreniez ce que je veux dire, vous comprenez. Il est important que vous preniez en considération ma position je veux dire.

- Et vous ? Vous êtes donc un cheval ?

- Oui, probablement. Parfois j'en doute, en effet, parfois je me dis que tout ça n'est qu'une invention, le fruit de mon imagination.

- Et qui vous dit que je ne suis pas un cheval ?

- … Fernando resta interloqué. C'est vrai, il n'en savait rien. Je préférerais que vous soyez un cheval dans ces conditions, reprit-il. En tous cas, vos oreilles auront entendu ce que je veux dire, je crois. Vos oreilles dans ce rêve étaient-elles de cheval ? Le sont-elles encore ? Il me semble en effet qu'elles étaient de cheval ! de cheval… ? Fernando balbutia quelques mots encore avant d'être coupé par le Vey.

- Bon, à jeudi Monsieur Gas. Vous paierez cette séance également. »

Fernando raccrocha, le cœur soulagé et comme s'il s'était soudain retourné lui aussi, il s'endormit.

« Plus vite ! Allez plus vite ! Mais qu'est-ce qu'il fait ? Les bras de Todd volaient dans tous les sens ! Il s'énervait, trépignait dans les tribunes comme s'il avait une incidence sur les jambes de son jeune poulain, comme si c'était lui qui courait.

- Trois minutes et dix secondes ! s'écria George.

- Trois minutes et dix secondes ! ça pourrait être mieux, il faut qu'il s'active, bon sang de cheval !

- Je te l'avais dit, Vent en poupe est très prometteur, dit George.

- Je crois en effet qu'il a de l'avenir. Mais on est encore loin du compte ! Ses yeux tournèrent vers le ciel puis le bas des tribunes où Fernando entrait. Tiens, voilà Azazel, le cheval dont je t'ai parlé.

- Je vais me chercher un jus de carotte, dit Daisy la compagne de George. Vous voulez quelque chose ? Sans réponse, elle s'éloigna. Les deux hommes étaient trop occupés à leurs affaires. Leurs téléphones sonnèrent de concert.

- Monsieur Gas, dit Todd tandis que Fernando arrivait vers lui, je suis à vous tout de suite.

- Bonjour Monsieur Todd, se contenta Fernando.

- Oui, attendez quelques instants, j'en ai pour une seconde. Puis sa voix changea. Que vous ai-je dit ? hurla Todd dans l'appareil tandis qu'il s'éloignait de quelques mètres, vendez ! Vendez ce n'est pas compliqué ! dit-il trépignant. Comment ça vous ne comprenez… Comment être plus clair ? J'ai l'impression de travailler avec des ânes ! Vendez ! Il raccrocha violemment comme s'il prenait sur lui de ne pas casser son appareil. Vous êtes donc venu, Gas, je savais que vous viendriez, pris encore dans la voix à l'agacement de son coup de fil.

- Je viens discuter avec vous des conditions.

- Ecoutez Gas, je vais vous faire une fleur. Vous aimez les fleurs, n'est-ce pas ? Il rit tout seul avant de poursuivre. Voilà, je vous propose de doubler votre salaire pendant les premiers mois d'entraînements, ensuite nous verrons.

- Cela ne m'intéresse pas.

- Alors, je triple vos gages et puis nous en reparlerons dans une quinzaine. Cela ne vous engage que pour quinze jours, qu'est-ce que c'est que quinze jours ?

- … Fernando hésita. A ce moment Daisy revint un verre orange à la main. Elle croisa le regard de Gas qui se demandait où trancher.

- Bonjour, dit-elle en s'approchant d'eux, détournant aussitôt son jolie minois.

- Bonjour, répondit Fernando, ses yeux épousant la silhouette de la jeune femme sans vraiment la regarder. Elle but une gorgée de jus de carotte en se retournant. Il la vit cependant ajuster sa mèche avec sa main, geste qui ne lui était pas étranger. Mais il était préoccupé, aussi de ce qui l'attendait s'il refusait ce poste. Son salaire triplé permettrait de voir venir, songea-t-il.

- Alors ? le pressa Todd, il me reste d'autres rendez-vous encore ce matin. Je ne voudrais pas perdre de temps.

- C'est entendu. Sa voix avait parlé toute seule et il s'en étonna effectivement.

- Vous êtes d'accord ?

- D'accord.

- Parfait, alors demain, même heure.

- Je serai là mais... Il hésita. Il pouvait encore refuser mais une fois de plus sa voix lui échappa : Je veux tout de suite une avance sur cette quinzaine. Todd tira son carnet de chèques et signa sur le champ.

- Voilà. A demain sans faute ! Et j'attends de vous des résultats ! dit Todd.

- A demain.

- A plus tard George, lança Todd, je te laisse, j'ai un rendez-vous important, un gros marché à négocier, il faut que j'y aille.

- A plus tard, dit George qui venait à peine de raccrocher. Puis se tournant vers Fernando : C'est donc vous, Azazel ?

- Gas, Fernando Gas.

- Oui, oui, William m'a parlé de vous, il paraît que vous êtes un sacré cheval.

- J'ai été...

- Ah bon ? fit Daisy d'un ton quelque peu détaché, vous êtes un cheval ? Je n'avais pas remarqué, dit-elle tandis qu'elle essayait de deviner derrière le costume de Gas, l'animal derrière. « Une belle bête », pensa-t-elle intérieurement « mais une bête quand même. ». Puis elle retourna la tête dans son jus de carottes qu'elle vida d'un trait. Elle répéta ce geste avec sa main qui avait toujours à dire avec sa mèche. « Ce cheval me dit quelque chose... pensa-t-elle, en même temps tous les chevaux se ressemblent ! La nuit, tous les chevaux sont gris. Ah, non, ce sont les chats... Je ne sais plus !» Et de nouveau ce geste de la main qui ne manqua pas d'interroger Gas. Chéri, interpellant George son ami, on y va ?

- Nous aurons l'occasion de nous revoir alors, ajouta George qui de nouveau décrochait son téléphone. Attends Daisy, attends une seconde. Oui, allo ?

- Quel est votre nom ? interrogea Daisy d'une oreille.

- Fernando, Fernando Gas.

- Non, je veux dire, votre nom de cheval ? De course, je veux dire. Elle ne pouvait s'empêcher de minauder chaque fois qu'elle prenait la parole.

- Il y a longtemps que je ne cours plus, il y a bien longtemps...

- Alors que faites-vous là ?

- Je me le demande, je... Fernando s'arrêta net lorsqu'il vit la jeune femme partir au milieu de sa phrase. Elle rejoignait son ami qu'elle ne quittait pas d'une semelle. Lorsqu'elle quitta les mots de Fernando et se retourna, le vent leva sa jupe et fit apparaître très furtivement une longue et belle jambe que les yeux de Fernando ne manquèrent pas de relever à leur tour.

- A demain !» lança George Truman-Horse d'un signe de la main, occupé encore au téléphone.

Fernando répondit d'un bref et discret signe et quitta

l'hippodrome avant de s'enfoncer dans une bouche de métro et filer droit rue de l'Abreuvoir. Cependant, il eut l'impression que deux hommes le suivaient, que deux hommes étaient à ses trousses. Mais lui ne fuyait pas. De quelles trousses s'agissait-il ? Il s'étonna, en effet. Que lui voulaient ces deux hommes ? Quoi qu'il en soit, il les sema en les plantant là comme des fleurs et pour arroser le tout, de rame en rame, il finit par les noyer dans la foule.

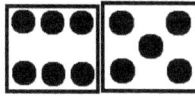

« Bonjour Docteur, fit Fernando quand il entra. Ses cauchemars avaient cessé, les chevaux de bois et de manège ne venaient plus le tracasser la nuit. Le bruit lancinant, le cliquetis des sabots n'était plus derrière lui comme un passé obsédant.

- Bonjour, asseyez-vous. Alors ? Qu'avez-vous décidé ? Avez-vous accepté de vous remettre en selle ?

- Oui, mais pas à n'importe quelle condition. J'ai obtenu de William Todd, mon nouveau Président, qu'il triple mon salaire et cela ne m'engage pour le moment que pour une quinzaine de jours. Après nous verrons, a-t-il ajouté.

- Je vois. Qu'est-ce qui vous a fait changer d'avis ? Vous étiez déterminé à ne plus jamais refaire d'entraînements, n'est-ce pas, si je m'en tiens à vos paroles énoncées ici même je crois ?

- C'est vrai. Je ne sais pas ce qui s'est passé. Peut-être est-ce là une manière de conjuration, de retourner voir du côté de ce passé, et cela seulement pour quinze jours finalement. Qu'ai-je à perdre ?

- Je ne sais pas. C'est à vous de voir ce que vous

gagnez ou perdez.

- Je verrai.

- N'y a-t-il rien d'autre qui vous revient et qui pourrait expliquer ce revirement ?

- Non, non, je ne vois pas, réfléchit Fernando, vraiment pas. L'image de Daisy revint un éclair de seconde.

- Qui étaient présents là-bas ? Ce William Todd était-il seul ?

- Non, il y avait son ami George Truman-Horse et...

- Truman-Horse ? Tiens... Vey nota ce nom.

- Oui, c'est son nom. Oui... et aussi son amie Daisy... Le souvenir de nouveau reparut. Il aperçut cette fois-ci la jambe de Daisy clairement. Oui, il y avait cette jambe... énonça Fernando qui pensait tout haut, je veux dire cette jeune femme dont j'ai aperçu...

- Sa jambe ?

- Oui, en effet mais...

- Oui ?

- Cela n'a pas grand intérêt.

- Continuez.

- C'était un détail, juste un...

- Dites !

- Elle semblait avoir... oui, elle avait une jambe arquée.

- Arquée ?

- Oui, arquée comme...

- Comme ?

- Comme...

- ...

- Comme... une jument.

- Une jument, vous voulez dire que... ?

- C'était bien une jeune femme pourtant, oui, c'est cela qui m'a mis la puce à l'oreille.

- Et c'est pour ça que vous vous grattez ?

- Ah oui, peut-être…

- Et depuis, vous vous grattez pour vous rappeler que cette Daisy est une jument ?

- Oui, c'est possible. En fait, c'est maintenant, là avec vous, que j'en prends conscience. Elle avait aussi un geste qui me paraissait assez familier, elle remettait constamment sa mèche avec sa main.

- Familier, dites-vous ?

- Oui, cela ne m'était pas étranger, une impression de déjà vu, d'avoir vu ce geste maintes fois mais là encore, je ne sais plus.

- Beaucoup de femmes le font, non ?

- Oui, c'est vrai mais là… Oui, vous devez avoir raison.

- Et comment était-elle avec vous ?

- Etrange, oui étrange, c'est le mot. Il y avait quelque chose d'étrange dans son comportement à mon égard. Elle est partie sans rien me dire, en plein milieu de ma phrase, j'ai trouvé cela bizarre.

- Et c'est ensuite que vous avez aperçu sa jambe ?

- Oui, quand j'ai aperçu cet arc à sa jambe, je n'ai pas réalisé. Vous savez, des chevaux, j'en ai vu plus d'un et à force peut-être je ne les distingue plus. Sans vous, je n'aurais pas relevé ce détail.

- Et elle ne vous a pas laissé indifférent ?

- Vous voulez dire ?

- C'est votre genre de femmes ?

- Oui, elle était plutôt jolie, enfin je crois. Vous savez les femmes…

- Mais elle est… ?

- Oui, une jument, enfin je crois.

- Et la vôtre ?

- Ne me parlez pas de ma femme ! Depuis qu'elle m'a dit que sa propre mère achetait de la viande chevaline, je me demande sans cesse si elle en a déjà fait manger à nos enfants. Cette idée me révulse et m'obsède en même temps. Et comme je n'ai aucune preuve, le pire vient à la place de l'imaginaire, vous savez.

- Cependant, vous n'êtes pas obligé d'imaginer le pire, vous pouvez tout autant vous en tenir à ce que vous savez et non à ce que vous ne savez pas.

- Vous avez raison. Mais tôt ou tard, je lui demanderai des comptes pour connaître la vérité.

- Très bien. A jeudi.

- Merci.

- De quoi ?

- Je ne sais pas.

- A jeudi.

- A jeudi. »

Fernando se leva et sentit un mal soudain dans la jambe avant droit, la même qu'il avait aperçue dans l'hippodrome en la personne de Daisy.

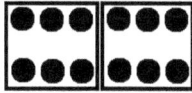

Les jours passèrent et Fernando Gas enfilait sans cesse manèges et hippodromes pour le compte de William Todd. Ce dernier avait en tête de le faire participer au grand prix de l'Arc de Triomphe et pour cela, il le faisait courir partout où il le pouvait afin qu'il s'habitue à toutes sortes de terrains, du très léger au très lourd même si la course devait avoir lieu à Longchamp, sur gazon. Mais Fernando n'en pouvait plus de tourner en rond comme un lion en cage. Tout lui semblait faux et le recul, la distance dans laquelle il avait tenu jusque-là s'estompa. Il lui semblait être redevenu une bête comme lorsqu'il était jeune. Une bête bonne à exécuter les ordres. Et l'animal en lui lui faisait mal. Pourquoi avait-il donné suite à son contrat avec Todd ? Il l'ignorait. Il perdait toute humanité et d'abord tout contact humain. Ce n'était plus le temps où il travaillait comme coursier à *Avoin'or*. Ici, il n'avait plus de rapports d'égal à égal. Il ne partageait plus rien, plus rien qui ait encore un sens. Oui, il était redevenu un cheval, un cheval aussi ordinaire que triste. Et traité tel. C'est pourquoi, suite à une remuante séance avec le docteur Vey, il était résolu ce matin-là à demander à William Todd de reprendre son poste de coursier, affirmant que cette course n'était pas pour lui, qu'il perdrait et qu'en tout état de cause, il valait mieux un moins bon cheval mais motivé qu'un cheval *non partant*[3] et cela trois mois avant le départ.

« Il n'en est pas question Gas, pas question ! Il est hors de question que je vous laisse abandonner la course à trois mois du grand prix, c'est impossible !

- Mais votre jeune poulain, Vent en Poupe dont votre ami dit tant de bien ?

- Non, il est encore trop jeune, ce n'est pas pour lui ! C'est vous que je veux ! Vous *avez du gaz*[4] ! Chaque jour, vous améliorez votre temps, et si vous faites ce que je vous dis, vous atteindrez bientôt le meilleur de vous-même, j'en suis sûr, il serait stupide de vous replacer comme coursier dans l'entreprise.

- J'ai de plus en plus mal à la jambe avant droit. Je crains une entorse ou une tendinite…

- Nous vous ferons un *pansage*[5]. George ! se tournant alors vers son ami, fais-moi penser au pansage.

- Très bien, indiqua celui-ci. Je pense au *pansage*, je pense au *pansage* ! rit-il tout seul.

- Ne vous en faites pas pour cela, reprit Todd à l'adresse de Fernando. Vous n'avez qu'à habiter ici. Je vous ferai venir un médecin, un vétérinaire je veux dire, à domicile. Prenez ces écuries, elles sont à

[3] Cheval qui ne participe pas au départ d'une course.

[4] Cheval qui a de grandes ressources.

[5] Soins corporels du cheval.

vous.

- C'est vrai, reprit George Truman-Horse, pourquoi ne pas prendre vos quartiers ici ? Vous seriez mieux. Vous vous ménageriez.

- Non, ce n'est pas possible, j'ai ma femme et…

- Vous êtes un cheval ! déclara Daisy. Une écurie serait mieux pour vous, rajouta-t-elle pour le rabaisser. En plus, vous serez sur place, prêt pour les entraînements.

- Justement non ! Il est hors de question que j'habite ici !

- Pour qui vous prenez-vous, vous êtes un cheval, non ? comportez-vous en cheval, on ne vous en demande pas plus ! cria presque Daisy. Non mais, regardez-moi ça, monsieur se prend pour un cheval alors qu'… je veux dire, regardez ce cheval qui se prend pour un monsieur alors qu'il n'est qu'un cheval… un tout petit cheval qui voudrait bien être un monsieur, non mais !

- Daisy, s'il vous plaît, l'interrompit Todd.

- Chérie, tais-toi, ajouta George étonné.

- Comment ça me taire ? Me taire, toujours me taire, j'en ai assez à la fin ! Assez que tu me demandes de me taire ! dit-elle en s'en prenant à George. C'est un cheval oui ou non ? Et vous, vous êtes des hommes, oui ou non ?

Il y avait dans sa voix quelque chose d'excessif, d'agressif aussi qui surprit tout le monde. Avait-elle des raisons de lui en vouloir personnellement ? Elle cherchait visiblement à l'humilier. Todd lui lança un regard de travers avant d'ajouter :

- Bon, Gas, réfléchissez-y, il sera toujours temps de changer d'avis.

- Je ne changerai pas d'avis, je n'habiterai pas là, c'est tout ! »

Daisy était partie, emportant avec elle la raison qui l'avait fait se soulever soudainement. Tout à coup, montée sur ses grands chevaux, elle avait quitté ses bonnes manières, ce ton doucereux et ses feintes manières. Pourquoi ? Elle était partie sans rien dire, de plus.

« Qu'est-ce qu'elle a ? demanda William Todd à George lorsqu'ils furent seuls.

- Je ne sais pas, j'en sais rien, fit-il perplexe.

- On dirait qu'il y a de l'eau dans le gaz.

- Tu veux dire ?

- Entre vous ?

- Oui, c'est vrai, elle a changé ces derniers temps.

- En tous cas, elle doit changer ses manières avec Azazel, je compte sur toi pour la faire taire.

- Je lui parlerai.»

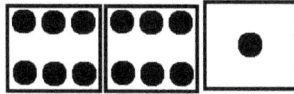

Quand il rentra à la maison, il vit sa femme en train de cuisiner. Son sang se glaça avant de faire un tour et son œil de tomber nez à nez sur un œuf...

« Que fais-tu ?

- A manger.

- Je vois. Mais qu'est-ce que tu fais ? assénant déjà toute sa rancoeur.

- Je te l'ai dit... je fais à manger.

- Du boeuf ?

- Et un oeuf !

- Tu le fais exprès ?

- Quoi ?

- C'est de la provocation ?

- Tu débloques ?

- Un steak à che-val, c'est ça ? hacha-t-il.

- Et alors ? Ce n'est pas un steak de che-val ! Il y a aussi des carottes râpées...

Il se mit à écumer.

- Tu en doutes ? reprit-elle.

- Réponds-moi !

- ...

- Du cheval ?

- ...

- Et qui me dit que, depuis toutes ces années, nous n'avons pas, les enfants et moi, mangé du cheval ?

- Quand retournes-tu chez le docteur V... ?

- Ta mère, ta chère mère, reprit-il avec hargne, écumant toujours, n'a jamais cuisiné du cheval pour se venger de sa fille tendre ?

- Il faut lui demander...

- Appelle-la !

- Quoi ?

- Appelle-la je te dis ! je veux savoir. Puisqu'on en est à l'heure des explications...

Mira décrocha le téléphone sous la menace de Fernando qu'elle ne reconnaissait plus.

- Maman... Oui, c'est moi... Oui, très bien, très bien, dis-moi... voilà, je me demandais comme ça... Fernando la serra et l'obligea de resserrer son propos. Dis-moi, est-ce que les enfants ont déjà mangé du cheval, de la viande de cheval ?... Pourquoi ? je veux savoir, c'est tout... Non, non, il n'est pas là, il n'est pas encore rentré, il est à ses séances... Oui, il progresse, si on veut... Fernando montra soudain les dents, et il en avait beaucoup. Alors ? Maman, je dois savoir, c'est important... Tu dis ? ah oui, d'accord, d'accord... Mais est-ce déjà arrivé ?... Oui... Oui... d'accord. Merci, d'accord, à bientôt, je t'embrasse. Oui, oui, tout va bien... oui, moi aussi, au revoir maman...

- Alors ? tonna Fernando encore furieux lorsque Mira raccrocha, rouge d'appréhension.

- Alors... Alors, elle ne se souvient pas leur en avoir donné d'après elle ou peut-être une fois elle s'est trompée mais elle n'en est pas sûre.

- Comment ça, elle n'en est pas sûre ?!
- Un jour, peut-être…
- Mes propres enfants !
- Je suis désolée. Je préfère te dire la vérité. En même temps, cette vérité ne semblait pas plus la tracasser.
- Désolée ! tu es désolée ! cela me fait une belle jambe ! dit-il en pensant soudain et avec étonnement à la jambe de Daisy qu'il avait aperçue sous sa jupe. Quoi ta mère s'est trompée ! Il ne se retint pas, il oublia soudain que les enfants étaient dans la pièce à côté en train de jouer ! Il hurla ! hurla tant et tant que tout à coup ce qui devait se produire, se produisit : il hennit ! Un hennissement lointain retentit dans toute la maison qui trembla pendant quelques secondes. Puis, dans la colère, il insulta encore la mère de Mira et sortit pour faire un tour jusque tard dans la nuit.

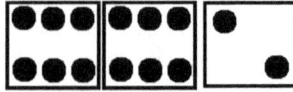

Le lendemain et pour ce qu'il n'avait presque pas fermé l'œil, il arriva en avance sur le champ de course. L'hippodrome l'attendait comme chaque matin, les bras ouverts. Lui préférait la retenue, n'aimait pas les effusions. Cependant malgré la fatigue, il se sentit *gai le matin*[6], l'envie de courir. Sans doute désirait-il se défouler tant il était remonté contre sa femme et le genre humain. Avant de pénétrer dans les écuries, il surprit deux voix qu'il reconnut immédiatement. Il se dissimula derrière le petit muret à l'abri des deux hommes et glissa dans le champ de leur écoute une de ses malignes oreilles.

« Je le fais surveiller de près. Au moindre écart, je n'hésiterai pas à employer les grands moyens.

- Tu veux dire ?

- Nous n'en sommes pas là, du moment qu'il continue à courir, à venir aux entraînements mais avec ce genre d'animal, on ne sait jamais. « Mieux vaut un lapin dans la casserole que dans la

---

[6] Cheval en forme, prêt à courir.

carnassière. » Il faudra garder un œil sur lui. Le grand prix doit me faire gagner plus de deux millions d'euros, je ne peux passer à côté juste à cause des caprices d'un cheval ! Il doit *boire la bride*[7], un point c'est tout !

- Oui mais il fait partie de l'entreprise. Ne pourra-t-il pas vouloir réclamer... ?

- Non, c'est impossible, c'est un cheval.

- Un cheval, un cheval... Il se débrouille pas si mal pour un cheval.

- Tu veux dire ?

- Je veux dire qu'il pourrait très bien faire illusion. Et s'il se présente devant les tribunaux en tant qu'homme, en tant que salarié, y as-tu pensé ?

- Faudrait au moins qu'il connaisse la procédure ! Non c'est impensable, pas lui...

- Fais attention quand même. Tu sais Daisy, j'ai l'impression qu'elle lui en veut à ton cheval. J'ai eu une conversation avec elle hier soir, j'ai l'impression qu'il y a un truc là-dessous. Quoi ? Je n'en sais rien encore mais cela flaire quelque chose...

- Entre eux tu veux dire ? Ils se connaîtraient ? Comment est-ce possible ?

- Je le crois, en effet. Tu te souviens comment elle s'est employée l'autre jour à le rabaisser, je n'ai pas compris. Et quand je l'ai interrogée, elle m'a dit que nous n'étions pas assez fermes avec lui, nous reprochant presque d'être trop aimables. Moi, je pense qu'il y a autre chose.

- Etrange, en effet.

- Faudra que je la file elle aussi. Tiens, dit George en

---

[7] Doit se soumettre.

détachant son regard de côté, en parlant du loup…

- Bonjour, fit Daisy, qui franchissait le pas des tribunes. Quelle belle journée aujourd'hui ! Vous êtes arrivés de bonne heure. Il n'est pas là ?

- Non, pas encore arrivé, répondit George.

- Il est en retard, dit Todd qui s'impatientait tout d'un coup.

A cet instant, Fernando surgit de derrière le muret comme s'il venait d'arriver.

- Ah Azazel ! On vous attendait, lança Todd. Alors aujourd'hui vous allez nous battre ce record, il le faut, je vous le demande !

- Vous pouvez faire mieux, c'est sûr. » rajouta George, un rayon de soleil dans l'œil.

Azazel ce matin-là comme par défi à l'existence et à son injuste travers, courut comme jamais. Il sentit une aisance qui jusque-là lui était inconnue. Une sorte de force surhumaine, quelque chose d'une force animale qui depuis longtemps l'avait quitté et là faisait retour de manière inouïe. Il déclara qu'il allait essayer de faire un meilleur temps. « Vous le pouvez Azazel ! vous le pouvez ! Et je dirais même vous le devez ! » lui lança George d'un seul rire, ce qui agaça Fernando. Et plus encore quand il se mit en marche, au galop, il entendit les deux hommes hurler « Azazel ! Vas-y Azazel ! ». Il réussit à battre son record de la veille avec une marge étonnante. Même Todd n'en revenait pas qu'il pût réussir un tel exploit.

« Etonnant ! fit George, vous avez mangé du lion ce matin ! fit-il en riant tout seul, amusé. Le soleil continuait de l'éblouir.

- Incroyable, marmonna Todd, je le savais, j'en étais

sûr. Reste maintenant qu'il ne nous échappe pas au dernier moment. Arrêtons là pour aujourd'hui, nous reprendrons demain l'entraînement. Bravo Azazel !

- Bravo ! qu'est-ce que je vous disais ! répéta George.

Quant à Daisy, elle ne dit mot. Elle disparut des tribunes tandis que Todd et son ami continuaient de discuter des performances de leur cheval. Daisy avait contourné le petit muret et rejoint Gas dans les écuries où il se changeait. Il remettait son costume quand elle entra dans le box.

- Je suis venue vous féliciter, dit-elle quand elle parut devant lui. Vous avez couru comme un grand cheval ! Vous voyez quand vous acceptez d'être un cheval…

- Merci.

- Pour quelqu'un qui n'a… je veux dire pour un cheval qui n'a pas couru depuis longtemps…

- J'ai des choses à prouver sans doute… Et peut-être que vous aussi, vous avez des choses à me dire ? Des excuses peut-être ?

- Qu'entendez-vous par là ?

- J'ai l'impression que vous m'en voulez et que…

- Ah oui ?

- Ce n'est pas le cas ?

- Non, je ne crois pas.

- En tous cas… Il s'arrêta net en plein milieu de sa phrase et repensa à cette première rencontre où Daisy était partie en plein milieu de sa phrase à lui. Puis il repensa à l'arc de sa jambe. Il y eut un silence, un long silence entre eux. Tout à coup Fernando articula ces mots : Vous êtes une jument, n'est-ce pas ?

- Vous le savez très bien, murmura-t-elle en le fixant dans les yeux de manière dure et distante, de ses deux yeux verts comme des pommes. A ce moment de révélation comme un instant irréel, il observa la chevalière au doigt de Daisy laquelle une fois de plus vint à passer sur sa mèche au moment où elle rencontra également la rétine de Fernando. Comme si ce geste familier avait jusque-là dissimulé sous ses yeux cette chevalière. Mais ses yeux tournèrent, son visage se mit à fondre juste le temps de s'empourprer. La vue de cette chevalière ajoutée aux paroles de Daisy le submergea. Son sang ne fit qu'un tour, tout s'embrouilla dans sa tête, tout au point que le vertige s'empara de lui avec force jusqu'à défaillir. Il s'écroula, évanoui. Il tomba bonnement dans les pommes comme s'il quittait le monde après avoir emporté ce qui lui manquait, ce qu'il avait de plus cher. Il les aimait ces pommes autant qu'elles lui rappelaient son enfance en Normandie où chaque jour il en croquait comme du petit lait. De cet instant, il ne se rappela rien, rien de bien précis sinon que cette chevalière faisait chaque fois retour comme un souvenir obsédant dont il n'arrivait plus à retrouver l'époque, signe de son enfance jusqu'à cette chute. Le reste devint flou et lorsqu'il reprit ses esprits, il était chez lui, avec à son chevet sa femme qui veillait. Le visage de sa femme fut une impression désagréable au réveil. Il ne comprit pas ce qui s'était passé et comment dans sa chute le visage de Mira avait remplacé celui de Daisy. Le vertige le reprit et il préféra retomber dans les pommes qu'il venait à peine de quitter. Dans ce sommeil profond, hommes et chevaux se disputaient la course, tous alignés et prêts à en démordre. Lui criait, criait à perdre voix, tout seul dans les tribunes vides : « Azazel ! Azazel ! » et la course n'en finissait pas, était interminable tandis qu'il perdait peu à peu sa voix dans l'évanouissement et l'essoufflement de son rêve. Lorsqu'il se réveilla, tout était calme. La nuit finissait. Il se leva, réussit à se remettre sur pieds et se prépara comme à l'accoutumée pour aller à l'hippodrome. Il pensa au Docteur Vey et se dit qu'il n'irait pas ce soir-là lui rendre visite. Pourquoi ? Il ne le savait pas. La chose telle une étoile filante l'avait traversé comme ça, malgré lui.

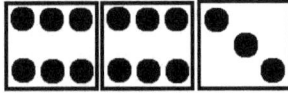

Et c'est bien malgré lui, en effet, qu'il s'engouffra dans le métro et que ce matin–là n'était pas un matin comme les autres. Ce matin-là suivait tous les autres matins, certes, mais était plus qu'un simple matin. C'était un matin qui parut en sorte de ruade, qui semblait vouloir rejeter tous les autres matins avant lui, comme pour envoyer aux oubliettes un passé trop encombrant. Comme s'il tirait la chasse d'eau du cabinet du docteur Vey dans lequel il n'irait pas ce soir-là. C'était un matin de trop pour Fernando qui à bout, rua avec force dans la foule pleine de panique et tandis qu'hommes et femmes hurlaient de peur, lui avait franchi le dernier obstacle ! Il sauta en déployant une telle force qu'il brisa les vitres de la rame dans laquelle il était. Puis il courut, courut à perdre haleine, courut à toutes jambes. Tout à coup, son corps s'était débridé, fuyant le gris vers un vert fantasmé, un vert qu'il respirait déjà dans la sueur de sa course. Un vert qu'il recherchait à tout prix ! Evitant les correspondances, il trouva vite la sortie. Là où il allait, le métro ne pouvait le conduire. La nature prenait le dessus. C'était le vert qui l'appelait, le happait, c'était l'air marin, l'air de cette Normandie dans laquelle il avait vu le jour. Il enjamba le périphérique et prit l'A13. Il se mit à galoper comme jamais, aussi vite que la veille ou l'avant-veille il avait battu son record. La fatigue ne le gagnait pas, ne pouvait rien en l'état dans lequel il se trouvait alors. Le vent avait beau le cogner, lui fouetter les yeux, le nez et les flancs, il ne pouvait rien non plus contre sa volonté à vaincre. Vaincre quoi ? Non pas sa liberté, non pas une simple victoire chère à ce William Todd et qui lui aurait amené la richesse, non, il courait vers lui-même vers cette identité de cheval par où il était venu au monde, cette identité qui déjà résidait là-bas, là-bas entre Pont l'Evêque et Beaumont-en-Auge, cette identité de cheval qu'il avait abandonnée depuis longtemps et qui depuis longtemps ne s'était en lui exprimée. Il cherchait le petit Azazel, le petit cheval qui n'avait jamais fait un ⚂ pour sortir de l'écurie ! Et là, tout à coup, c'était comme si une avalanche de ⚂ déferlait dans ses jambes et qu'il lui fallait mettre en œuvre ! Cavaler tous ces ⚂ pour rattraper le passé, compenser l'enfermement dans lequel il passa son enfance ! Il cherchait à retrouver ce petit Azazel en cet instant, oui aller vers lui-même pour savoir. Savoir quoi ? Savoir tout simplement ce qu'il y aurait à savoir. Pas plus. Pas moins. Pas du côté de ses parents qui n'avaient fait que le mettre à bas et pas seulement la première fois qu'il avait pointé le bout d'un sabot, non pas seulement. Ils l'avaient toujours rabaissé à cette hauteur à laquelle ils prétendaient pour lui. Qui avait tiré les ficelles ? Qui avait lancé les dés pour qu'il avance aujourd'hui comme dans des bottes de sept lieues ? Qui jouait au-dessus de sa tête ? Qui courait alors et dans ce présent ? Etait-ce seulement lui ou bien courait-il dans cette voix dictée qui lui soufflait d'aller plus vite, plus vite encore tant l'empressement était grand, tant il fallait faire vite ! Qui lui soufflait cette voix ? Il voulait savoir ce que signifiait ce mouvement dans lequel tout à coup il était pris. Cette course soudaine ! Ce mouvement qui l'emmenait là-bas, là-bas parce qu'il fallait bien un lieu pour y être, un lieu qui avait déjà été le théâtre d'autre chose. Il courait à dévorer la route, débattant d'une idée à l'autre, emmêlant la route à ses jambes pour gagner du terrain. Ses nasaux s'ouvraient et se fermaient comme une pompe à chaleur qui brûlait et consumait tout son corps. Cette urgence le pressait, pressait aussi sa vessie comme lorsqu'il vint pour la première fois avouer qui il était. Il urina dans sa course et, sans s'arrêter, il repensa en effet au docteur Vey, à ce docteur qu'il n'irait pas consulter ce jour-là, ni même les autres jours qui allaient suivre ! Sa course valait plus de mille séances !L'empressement le surpassait dans son corps comme dans son esprit. Tel une étoile filante, son corps dépassait ses pensées. Il courait dans l'empressement qui avait pris sa place et c'était pour la lui rendre cette fameuse place qu'il n'avait jamais eue. L'imaginaire aussi s'enflammait et le décor qui défilait devant lui, lui parut comme un rêve qu'éveillé il traversait. Peut-être et là-bas en saurait-il plus, en apprendrait-il plus sur son passé, sur ce qui dans ce présent resurgissait.

Oui, le petit cheval était là-bas. Le petit Azazel

l'attendait, il avait bien rendez-vous avec lui, avec ce passé trop longtemps voilé, occulté. Comment tout avait basculé, de l'enfance à la réalité du monde ? Comment en était-il sorti ? Comment était-il devenu un homme ? Tout cela était flou, tout cela avait été trafiqué dans sa mémoire. Ce petit cheval qui le faisait avancer, courir au plus loin de ses forces qu'il redoublait et décuplait au fur et à mesure de cette course lui donnerait enfin une réponse, cette réponse qu'il désirait tant aujourd'hui ! Ce n'était pas une fuite mais une certitude derrière laquelle il courait ! Il allait s'emparer de lui-même et il était déterminé à ne pas la lâcher cette certitude à laquelle en cet instant il tenait plus que tout ! Il y avait aussi Daisy, cette jument à laquelle il pensait avec une drôle de ferveur sans savoir vraiment pourquoi, sans savoir quelle importance lui donner et toujours à ce détail près - cette jambe et ce doigt auquel il avait aperçu cette chevalière. Quand il arriva à Canarville, tout lui semblait murmurer, parler tout bas, comme si l'évidence des lieux n'avait pas besoin de plus de bruit. Il reconnut chaque détail sans même en apercevoir un seul bout car ses yeux filaient droit, droit devant. Il devina tout autour des pommes, des pommes qui lui rappelèrent la faim, la même qu'il avait étant jeune après les entraînements, la même qui finissait par lui torturer l'estomac quand ses parents l'en privaient, le punissaient de n'avoir pas couru assez vite, assez bien, assez vite et bien pour eux. Ces mêmes pommes dans lesquelles il était tombé après avoir vu et reconnu les yeux verts de Daisy. Il aperçut aussi à Pont-l'évêque des tonneaux flanqués çà et là en plein champ qui roulaient l'air heureux ainsi que des vaches qui comprenaient la raison de son état, comme si elles le partageaient toujours. Il poursuivit son chemin vers la mer et pris dans des œillères n'aperçut même pas l'endroit de ses premiers jours. Le passa sous silence car c'est d'un autre lieu dont il avait besoin. Il courut encore une bonne demi-heure avant d'arriver les jambes rompues, le cœur lourd et le souffle coupé sur la plage de Deauville où là, comme un achèvement, il s'effondra.

Ses yeux n'en revenaient pas. La mer resplendissait et semblait rouler d'une étrange manivelle comme si quelqu'un en effet actionnait son roulis. Le cri des mouettes aussi le berçait et, dans cet état second, il percevait leur langue familière. Leurs cris venaient embellir un passé dont il s'était depuis longtemps départi. Cependant leurs cris semblaient parfois glousser, ricaner de ce qu'il était devenu, cette créature semi humaine - un étrange rire. Il pensa alors à sa femme et puis à ce William Todd, se demandant si là encore, c'était lui qui faisait la pluie et le beau temps. Dans le ciel, les nuages entrecoupés et froissés entre eux semblaient des Kleenex chiffonnés qui lui manquaient à pleurer, à verser les larmes qu'il n'avait plus données depuis longtemps. Il en avait tellement besoin. Il se mit à pleuvoir. Fernando se recueillit un moment devant une mer qui lui tendait les bras. Il fit de même et versa, oui délivra enfin un flot de larmes sous ses propres yeux.

Après un long moment passé à contempler le ciel et la mer de son enfance, le soleil ouvrit les yeux et lui, il comprit pourquoi il était revenu ici, ici qui l'avait guidé en sorte de rendez-vous. Il s'étendit sur le sable, s'étira de tout son long et ferma les yeux pour mieux observer ce passé. Il hennit tout bas comme un signe de soulagement. Il coupa sa mémoire en deux comme une pomme pour retrouver ce lieu qu'il avait partagé. Puis en quatre pour voir reparaître cette jument avec laquelle il avait noué ses sentiments et dont l'amour tintait de nouveau en ces lieux. Puis encore une fois, en huit, pour retrouver son nom. Comment s'appelait-elle ? Son nom avançait à sa mémoire, il l'avait sur le bout de la langue. Main dans la main, œil pour œil leurs regards s'étaient échangés. Ils avaient passé de longs moments ensemble, à se regarder, courir, s'étreindre, courir de nouveau et, les oreilles dressées, s'enlacer comme deux poulains transis par l'idée de l'amour. Ils étaient si jeunes. Leurs moments passés sur la plage, à errer de longues heures face à l'avenir et cet horizon qui n'attendait qu'eux, tout cela remonta et d'autant plus facilement que le roulement des vagues faisait resurgir à chaque roulis de nouvelles images, de nouveaux souvenirs. « Justine » voilà le nom que lui murmurèrent les vagues dans leur va-et-vient et qui finit par remonter dans l'écume de sa bouche. Il ne croyait pas possible de s'entendre de nouveau prononcer ce nom. Jus-ti-ne. Là, tout à coup, comme si ce nom était chargé d'une extrême émotion, succéda un sentiment pénible puis une douleur se détacha de ce passé pour venir l'atteindre là dans cet irréel présent. Cette jument, c'est elle qu'il avait quittée au moment cornélien où il abandonna tout ici en Normandie, qu'il préféra déchirer cet avenir de *favori* pour devenir un homme ! Il avait quitté son amour d'enfance, sa compagne d'enfantillage comme une condition à devenir un homme. Un vrai. Là, le cri des mouettes ramena de nouveau l'horizon sous ses yeux comme le doute sur sa propre identité. Il ouvrit les yeux. C'était en effet le prix à payer. « On paye le prix de chaque chose » répéta-il une fois encore.

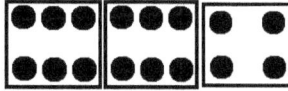

Depuis que son mari avait déserté le foyer familial, Mira se tenait plus encore à cheval sur les nouveaux principes que son travail analytique exigeait. Plus encore après cet appel du docteur Vey qui, après une longue période d'absence, avait décidé de manifester son mécontentement. Le téléphone avait sonné un soir où elle se sentait plus seule qu'à l'accoutumée.

« Bonsoir, ici le Docteur Vey.

- Oui… ? Mira ne le remit pas tout de suite à l'endroit de sa mémoire.

- Madame Gas ?

- Oui, tout à fait, docteur Vey, ça y est, je vous…

- Je vous appelle à propos de votre mari.

- Oui, je sais, enfin je veux dire, j'imagine…

- Il n'est pas venu depuis quelques séances et j'aimerais savoir s'il ne lui est rien arrivé.

- A vrai dire, je n'en sais rien… Je n'ai pas eu de nouvelles et… j'attendais encore pour prévenir la police…

- Je vois.

- Oui, je n'ai pas eu de nouvelles depuis longtemps maintenant, il y a trois semaines environ, Fernando a eu cette sorte de malaise à l'hippodrome où il s'est évanoui... Il est rentré à la maison, épuisé et oui, je l'ai trouvé très étrange... Il a tenu le lit pendant des heures et dans son sommeil, il prononçait le nom d'une certaine Daisy... Il remuait beaucoup, des quatre pattes, je veux dire. Daisy, oui c'est ce nom qu'il... Je ne sais pas qui c'est, vous savez vous ?

- ... Le Docteur Vey ne dit rien sinon d'ajouter un « Je vois » qu'elle ne releva pas.

- Puis le matin suivant il avait disparu. Je n'ai eu aucune nouvelle depuis.

- Et ce William Todd ?

- Non plus, c'est ce que j'allais vous dire. William Todd, son Président, m'a appelée et j'ai appris qu'il n'allait plus aux entraînements. Introuvable.

- Introuvable, c'est bien le mot.

- C'est bien le mot. » confirma Mira.

L'échange ne dura pas beaucoup plus longtemps sinon qu'elle chercha à justifier auprès de cet autre docteur son attitude à elle laissant deviner une sorte de culpabilité à l'endroit de son mari disparu.

Sans doute cette culpabilité, ajoutée à l'absence du père, rajouta du pointilleux à l'éducation de ses enfants. Eux, Ânette et Domino, jouaient de plus en plus au jeu de petits chevaux tout neuf que leur papa leur avait offert comme s'ils cherchaient là une réponse à toutes les questions que la disparition de leur père avait laissé en suspens. Leur mère avait beau eu leur répondre qu'il était en voyage pour son travail, ils n'étaient pas dupes.

« Papa, où il est ? demanda Domino.

- Au Japon, dit Mira qui trouva ce qui lui vint.

- Au Japon ? s'étonna Ânette. C'est où le Japon ?

- Loin, très loin, c'est une île à l'autre bout du monde... Votre papa s'entraîne là-bas. Il court tout autour.

- Ah bon ? firent les enfants d'une même surprise et quelque peu sceptiques.

- Oui, c'est la société *Avoin'or* qui l'a envoyé là-bas, mais il va revenir, ne vous inquiétez pas.

- Ce n'est pas une grande île ? s'inquiéta Ânette.

- Non, une petite île, ne t'inquiète pas, répéta-t-elle.

- Alors il va vite faire le tour... Il va vite revenir nous voir, conclut Domino.

- Bien sûr, bien sûr !» les rassura leur mère qui elle aussi s'interrogeait.

Dès lors, ils passèrent tout leur temps au jeu de petits chevaux et chaque fois qu'ils faisaient un ⚅, ils avaient une pensée émue et secrète pour leur père. Aussi cette île fut un lieu d'interrogation pour eux, un Japon qu'ils avaient beau retourner dans tous les sens, ils ne trouvèrent rien qui eut pu leur répondre. Non, c'était plutôt du côté de ce jeu que résidait un secret qu'à force de jouer ils finiraient par dénouer. Eux aussi, sans doute, chercheraient-ils par tous les moyens plus tard, à s'enfuir, sortir de leur écurie. Ils n'avaient pas besoin de parler, le jeu parlait tout seul, était leur moyen d'échange et seul héritage de leur père disparu. Leur mère était de plus en plus désarmée, c'est pourquoi elle resserra la vis, fut plus que jamais à cheval sur les principes. D'autant plus peut-être que la culpabilité devait aussi la ronger, celle que sa mère avait nourrie par la viande chevaline. Ses enfants l'interrogèrent également à propos de la viande chevaline dont ils avaient entendu un morceau lors de leur dispute et elle se contenta de minimiser la chose en disant qu'ils étaient encore trop jeunes pour comprendre de quelle viande ils parlaient. Restait aussi à expliquer ce hennissement que Domino et Ânette n'avaient pu manquer de relever. Mais ce qui les étonnait surtout, c'est que Fernando, leur père, n'avait jamais réussi auparavant à faire le cheval et que là, tout à coup, il avait fallu cette dispute, il avait fallu qu'il sorte de ses gonds pour que ça sorte. Comment leur père avait-il réussi à faire si bien le cheval ? Voilà la question qui trottait sans cesse dans leur petite tête et plus encore au moment où ils jouaient. Mais ils n'en parlaient jamais entre eux comme si là ils respectaient le non-dit familial.

Maintenant que Fernando avait disparu, Mira sentit un vide, un manque et se rendait compte que tout cela n'avait pas été facile sans doute pour lui mais voilà, il était parti. Elle aurait aimé lui parler mais il n'était pas là. Devant cette absence, elle se mit à faire du cheval. Les premières leçons d'équitation lui parurent évidemment étranges, presque incongrues et d'autant plus qu'elle avait vécu avec Fernando pendant dix ans. Et durant ces années, elle ne s'était pas vraiment rendu compte à quel point il était un cheval. Il est vrai qu'il ne se tenait jamais sur ses quatre jambes et faisait tout pour échapper aux stéréotypes chevalins. A dos de cheval, sur un autre cheval donc, oui elle prit la mesure de ce manque, qui n'était pas seulement un manque physique, non, c'était aussi ce souffle, cette respiration gracieuse et virile qu'elle entendait chaque fois et qui comptait comme présence, une présence somme toute rassurante. Mais lui, Fernando, restait introuvable.

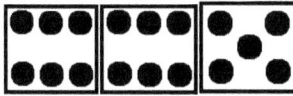

Il était là, entre ciel et terre, à errer de bars de plage en bars de plage pour noyer cette histoire dans le trou le plus profond qu'il trouva. Non pas un trou normand. C'est dans un *perroquet*[8], oui dans l'alcool qu'il cherchait une révélation et que la révélation lui vint. A force de ruminer, il finit par recouper les morceaux du puzzle de sa vie passée. Des morceaux qui étrangement s'associaient au corps de Daisy. L'étrange proximité, l'étrange familiarité qu'il avait ressentie avec elle l'interrogeait de plus en plus sur son identité à elle. Qui était Daisy ? Qui était-elle vraiment ? Qui était-elle pour qu'il ressentît autant d'attirance ? Il se souvint alors de ce geste pour ajuster sa mèche. Maintes fois il avait vu Justine le faire. Etait-ce un hasard ? Etait-ce le seul hasard ou bien… ? Le Docteur Vey lui avait fait remarquer que beaucoup de femmes en effet usaient du même geste. Mais il y avait bien autre chose pour que sa mémoire

---

[8] Le *perroquet* est un alcool à base de pastis et de sirop de menthe.

insiste et s'efforce au-delà de ce détail à rapprocher les deux êtres. Daisy serait-elle Justine ? Oui, il y avait autre chose qui les scellait, autre chose qu'il n'arrivait pas à identifier clairement. Délirait-il ? Etaient-elles une et même personne ? Cette jambe, tout à coup, il la saisit et la recolla à son souvenir. C'était elle. Non, il ne délirait pas. De même cette chevalière, il ne pouvait pas se tromper, c'était celle qu'il lui avait offerte un de ces jours passés à Deauville, un soir que leur amour paraissait grand et même sur le point de devenir adulte. Cette chevalière, c'est lui-même qu'il lui avait passée au doigt comme signe de leur amour éternel. Daisy serait Justine ? Tout fourmillait dans sa tête et ce n'était pas seulement l'alcool qui le mettait en ébullition et lui faisait tourner la tête. Ce n'était pas seulement ce *perroquet* qui lui répétait la même et lancinante parole. Oui, il avait promis à Justine de l'épouser et cette chevalière en était le gage, l'engagement qu'il faisait de s'y tenir. « Cette bague est ma promesse d'être toujours... » Ces paroles qu'il lui avait murmurées ce soir-là lui revinrent comme une drôle de douleur. Il s'était en effet engagé, promis tout entier. Mais voilà la vie l'en détourna. Il y eut ce moment de trop où il avait fui sa vie de cheval de course, la promesse d'une course folle, la même qu'il refusait aujourd'hui.

Quand il la revit dix ans après, sur le champ de course en compagnie de ce George Truman-Horse, il ne la reconnut pas tout de suite. Non, en effet, il ne l'avait pas reconnue car elle, s'était elle aussi éclipsée du côté de la gente humaine. La dissimulation était parfaite excepté l'arc de sa jambe et ce geste à sa crinière qui lui étaient restés. Voilà pourquoi il avait senti cette étrange attirance. C'était leur passé qui avait parlé là et l'avait décidé à accepter cet impossible contrat avec Todd. Sans elle, sans Daisy ce matin-là, il aurait refusé ce contrat. Parce que ces yeux, ces deux yeux verts, oui ce regard dans lequel il avait plongé jusqu'à s'évanouir, ces yeux l'interpellèrent et le rappelèrent à lui-même et aujourd'hui, trois semaines après, tous ces souvenirs remontaient comme une source claire. Le remords alors pointa. La joie de la mémoire retrouvée céda vite à la culpabilité que cette époque ramenait là, la culpabilité de l'avoir abandonnée malgré sa promesse. La blessure s'ouvrit comme si elle ne s'était jamais ouverte. Jamais il n'avait laissé place au remords, jamais auparavant le regret ne l'avait étreint. En un éclair alors, il eut l'impression d'avoir tout perdu. Les jours qui suivirent, c'est le désespoir qui prit place. Il ne savait vraiment plus qui il était. Cheval ? Homme ? Que désirait-il ? Il passa même au casino, histoire de se vider les poches pour s'alléger encore, se débarrasser du surplus sonnant et trébuchant. Mais on ne l'accepta pas. Même pas.

« Pas de chevaux ici ! Retourne dans ton écurie ! » lui avait jeté au visage le portier à l'entrée. Lui n'avait même pas bronché. Plus la force. Cela l'accabla plus encore. Et c'est d'un pas lourd et chargé qu'il revint vers Paris, s'arrêtant à chaque bar, buvant *perroquet* sur *perroquet*. La seule pensée heureuse était cette chevalière qu'elle avait gardée. Il ne savait quoi en penser exactement sinon que sa présence à son doigt était peut-être le signe qu'elle avait gardé quelque amour secret pour lui. Mais dans ce cas, pourquoi ne lui avait-elle rien dit ? Pourquoi l'avait-elle humilié ? Pour se venger ? Ces questions repassaient sans cesse. Nuit et jour, il en formulait de nouvelles qui reposaient toujours et cependant la même question qu'il finissait par noyer dans l'alcool pour oublier le présent ! Seul le *perroquet* répétait l'impasse dans laquelle il était.

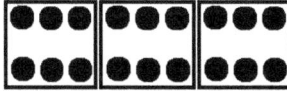

« Pardon, pardon… ». Les gens se tordaient, se bousculaient, certains s'excusaient pour le laisser passer. D'autres râlaient de ce qu'un seul individu provoquait dans la rame. Ils faisaient tout pour l'empêcher d'arriver, obstruaient la voie. Et l'égoïsme de chacun en rajoutait toujours de plus belle, provoquant un concert de voix râlantes. « Pour qui se prend-il celui-là ? » Visiblement, ils ne le reconnaissaient pas. « Pardon, pardon… ». Il avançait avec peine. « Pardon, pardon… » Après une dernière insulte, il parvint enfin jusqu'aux portes. La sonnerie retentit, couvrant les dernières voix qui s'étaient élevées contre l'animal et la vie en général puis, avant que l'alarme ne cède au vacarme de nouveau, le lapin plaça ses doigts de manière visible entre la porte coulissante et la paroi juxtaposée de manière à se faire pincer très fort. Des voix de nouveau alors s'élevèrent sous les bas plafonds de la rame : « Il est fou ! Que fait-il ? » « Encore un hurluberlu ! » Il ne faisait qu'accomplir son travail. Il prit son inspiration et hurla : « Ah ! » Oui, il hurla dans une sorte d'habitude et comme d'habitude il entendit l'écho de la foule qui de pitié criait à son tour dans ses grandes oreilles de lapin. La scène se devait d'être mémorable. C'était son boulot. Des personnes qui ensuite le reconnurent l'applaudirent et lui demandèrent même un autographe. Lui, d'un trait qui ressemblait à une carotte, les oreilles en l'air signait le regard fier. Puis, calmement, la conscience du travail bien fait, comme chaque matin il sortit. Il descendit à la station « Chevaleret ».

Ses yeux tombèrent sur une masse énorme, un cheval affalé, un cheval en loques qui cuvait tout son soûl. Le lapin qui avait l'habitude d'emmêler la parole à l'acte et vu l'état pitoyable de l'animal, se dit que ce n'était sûrement pas un cheval de bataille. Et lorsqu'il s'approcha de lui, en effet, le cheval était sur le point de s'écrouler. Il l'aida comme il put à le relever.

« Hi ! Hiiii… Fernando Gas se mit à hennir, un hennissement lointain sans vigueur. Il avait aussi une haleine de cheval qui a bu ce qui ne l'étonna qu'à moitié.

- Vous êtes dans un sacré état, mon vieux. L'autre répéta un hennissement de douleur et de fatigue. Que vous arrive-t-il ? Vous avez bu ? Il ne faut pas se laisser aller comme ça. Allez, relevez-vous !

- Hiii ! Fernando ouvrit les yeux à demi tandis qu'il s'étonna de voir et reconnaître le lapin que chaque matin il cherchait du regard dans l'image apposée dans la rame. Ceci d'abord l'effraya puis il se rendit compte que c'était le vrai, le vrai lapin. Vous ? balbutia-t-il…

- Tenez, prenez ça, cela va vous remonter, dit le lapin en lui tendant une carotte que Fernando s'empressa de croquer. Il n'avait pas mangé depuis quand ? Depuis de nombreuses heures à n'en pas douter vu la rapidité avec laquelle il avala le légume et faillit carotter la main avec. Il découvrit à la main du lapin sa célèbre blessure ce qui confirmait bien l'identité de l'animal. « C'est bien lui, c'est bien le lapin du métro. » se dit-il. Il se redressa sur son siège et peu à peu reprit ses esprits. Ils restèrent de nombreuses heures à échanger sur leur vie, à raconter comment lui Fernando était pris entre sa vie d'homme et sa réalité d'animal ce qui ne manqua pas de résonner chez le lapin. Lui-même, prisonnier d'une même sensibilité, exprima à son tour toute la difficulté qu'il avait eue à se faire une place, un nom, une image publique comme homme bien qu'ayant indéniablement un physique de lapin. Comment peu à peu il avait acquis une sorte de crédibilité et même si ses oreilles et le reste parlaient d'une seule voix, comment au travers d'une mission importante d'information et d'éducation, il avait réussi à faire illusion, il avait réussi à détourner l'attention pour paraître un homme comme les autres, un animal qui n'en était plus un, ou plutôt un animal qui était plus qu'un animal. « Les hommes sont et demeurent des animaux » avait-il rappelé. En parfait écho donc avec ce que vivait Fernando. Ainsi ils tuèrent ces heures à partager leurs expériences, à échanger sur leurs sentiments, les mêmes aspirations qu'ils avaient eues tout au long de leur vie respective. Fernando trouva là un ami. Un ami proche, un ami qu'il avait vu pourtant de longues années. A force de contempler cette image quotidienne dans la rame, il s'était mis à douter de son existence réelle et ne le voyait que comme un personnage factice. Ils se rencontraient pour la première fois et pour la première fois Fernando rencontrait quelqu'un comme lui. Cela le changea de ce *perroquet* et de sa même rengaine. Ce miroir avec le lapin élargit soudain l'horizon qui s'était jusqu'à ces derniers jours flétri. Le lapin fut bientôt au courant de toute sa vie et, loin de compatir bêtement, insuffla à Fernando un second souffle. Comment ? Il lui ordonna de reprendre sa vie en main en ne subissant pas le travers des hommes. En qualité d'entraîneur, il lui proposa même de combattre William Todd. Aussi de remporter la victoire de ce grand prix de l'Arc de Triomphe. Fernando qui n'y croyait plus depuis quelques semaines se dit alors qu'il y avait peut-être et en effet, grâce à ce lapin, la possibilité de se battre, de remporter la victoire. Cette victoire serait d'abord celle de sa propre vie, son propre désir, de ce que lui il déciderait et non ce que la vie jusque-là lui avait imposé. Mais comment remporter cette victoire, comment la soutirer à Todd alors que lui n'était qu'un simple et stupide cheval qui s'était fait avoir ? songeait-il enfin. Le lapin l'aida à voir les choses autrement. Il renversa le tableau de la situation, lui démontra que les choses n'étaient pas figées et qu'il suffisait de peu pour troubler la donne, faire basculer le destin. Cette rencontre venait à point nommé. Au point même où Fernando commençait aussi à espérer qu'il pourrait, oui qu'il aurait la chance de reconquérir Daisy, de rejoindre ce bout de passé qui s'était malgré lui détaché de sa vie, de son destin qu'il n'avait jamais pu prendre en mains. Cette terre qui s'était exilée malgré lui, il voulait aujourd'hui la reprendre, l'atteindre. Il voyait en effet Daisy se détacher de ce présent et retourner à ce passé comme une impossible quête. Car demeurait en lui cette froideur, le souvenir de cette distance qu'elle avait placée, cette distance qu'elle avait instaurée entre eux comme pour le faire payer, l'humilier à son tour comme elle à l'époque, elle avait dû se sentir trahie, insultée. «Cette chevalière est le signe qu'elle garde en elle l'espoir secret de te retrouver ! » lui dit toutefois le lapin qui n'en était pas à ses premières carottes. Et Fernando, bercé dans la force du discours de son nouvel ami, se mit peu à peu et de nouveau à croire en la force de l'existence et d'abord à retrouver à la vie un goût. Un goût de carotte. Sans doute fallait-il une carotte, en effet, pour le faire de nouveau avancer.

Les deux hommes de main de William Todd avaient eu beau parcourir toute la Normandie, entre mer et vaches, ils étaient revenus bredouille. Comment avaient-ils su qu'il avait fui de ce côté ? Au moment où Fernando s'était enfui du métro, ils avaient encore pu le suivre et cela jusqu'à l'embranchement de l'A13 mais passé le premier péage, Fernando avait pris des chemins de traverse qu'évidemment les deux hommes n'avaient pu emprunter. Ce n'est que le jour où Fernando Gas avait décidé de retourner à l'hippodrome qu'ils retrouvèrent sa trace.

« A quoi sert d'engager des incapables ?! » avait asséné Todd aux deux incapables en question. Mais eux n'avaient rien à se reprocher. Traquer un cheval n'avait rien d'évident, il était difficile de prévoir ses réactions. Et la Normandie n'est pas un petit pays ! Non, ce Todd était injuste, pensaient les deux hommes, aussi injuste que Todd devait se sentir impuissant et coupable envers lui-même d'avoir perdu trace de son cheval. Et d'autant plus qu'il s'était persuadé de remporter le grand prix de l'Arc de Triomphe. C'est pourquoi quand Fernando pointa le bout de son nez ce matin-là et que Todd vit également le lapin qui l'accompagnait, il se dit avec l'à-propos qui était le sien que la donne avait changé. Et, en effet, Fernando s'étant absenté plusieurs semaines, Todd comprit là qu'il ne maîtrisait pas autant la situation qu'il ne le pensait. Après tout, ce n'est pas lui qui courait, c'était Fernando. Il avait besoin de lui. C'est avec cette sensation désagréable qu'il l'accueillit.

« Où étiez-vous passé ? lança-t-il.

- J'avais besoin de vacances, répondit Fernando qui cherchait alentour le souvenir d'une robe qui tout à coup lui revenait.

- De vacances ? Vous plaisantez ? Je vous rappelle que nous avons passé un marché, vous et moi et que je ne tolèrerai pas que vous preniez des aises une nouvelle fois ! C'est moi le patron, je vous le rappelle, et dans deux mois à compter d'aujourd'hui, il y a ce…

- Je vous présente mon nouveau *coach*, coupa Fernando en présentant le lapin, Samuel Rabbi.

- Bonjour à vous, dit le lapin, Fernando m'a parlé de vous…

- Lui ? Je vous connais, non ? s'arrêta brusquement Todd. Le lapin, habitué à être reconnu, ne réagit pas.

- Un nouvel entraîneur ? Vous n'y pensez pas ! fit George qui à ses côtés était quelque peu abasourdi, ensuite indigné par les paroles de Fernando, ne pouvant croire une seconde qu'il serait évincé. Lui-même dévisagea le lapin avec interrogation, se tournant vers Todd en guise de protestation.

- Depuis quand décidez-vous ? relança Todd. Depuis quand prenez-vous les devants sur une affaire qui m'appartient ?

- J'ai décidé de prendre part à cette course, n'est-ce pas là ce que vous souhaitiez ?

- Pas en changeant d'entraîneur ! Depuis quand... Et d'ailleurs qui est ce Samuel Rabbi ? Son visage me dit quelque chose... mais je ne pense l'avoir jamais vu sur un hippodrome.

- En effet, confirma le lapin.

- Dans ce cas, il est hors de question qu'il soit votre entraîneur.

- Il n'y a pas à discuter. C'est lui ou je ne cours pas.

- Dans ce cas... Il réfléchit un instant, considéra George d'un œil, lequel se contenait. Il prolongea encore quelques instants sa réflexion. Il était rare en effet qu'il soit mis en telle posture. Rare que les choses ne coulent pas de source, qu'il ne soit pas le maître de la situation. Rare enfin d'être placé dans l'hésitation, ne serait-ce qu'une seconde. Mais en même temps, le calcul en lui était prodigieux, le calcul de l'intérêt qui était le sien, aussi prodigieux que fut l'étonnement de George Truman-Horse quand il entendit son ami déclarer qu'il était d'accord pour se débarrasser de lui, et qu'il acceptait de prendre ce drôle d'entraîneur, ce Samuel Rabbi à la place.

A cet instant, Daisy arriva comme une fleur. Elle changea d'expression à la vue de Fernando. Son regard se fana.

« Ah, vous êtes là ? dit-elle en s'adressant à Fernando. Quel bon vent ?

- Celui de la Normandie... répondit le revenant.

- Fernando, je dois... dit le lapin qui cherchait à s'éclipser.

- Je veux dire, continua Daisy, vous êtes revenu pour courir ou bien pour vous évanouir de nouveau ? Elle partit d'un rire qu'elle pinça et solda aussitôt se rappelant la présence de Todd et de George, ce pauvre George qui venait à l'instant d'être écarté de l'affaire. Je crois que le moment est mal choisi, nous poursuivrons plus tard...

- Fernando, Fernando, tenta de nouveau le lapin, je dois aller me faire pincer...

- Mais enfin William, se décida George, je ne comprends pas, tu ne peux pas laisser ce... » George et le lapin se dévisagèrent. Il ne trouvait plus le qualitatif approprié. C'était pourtant « un lapin » qu'il voulait dire mais les mots ne lui venaient pas. L'émotion sans doute lui troublait la vue. Ses yeux échappaient à la reconnaissance de ces deux grandes oreilles. Mais là n'était pas la question. Viré ! Lui George son ami ! Todd le sentit et même si les affaires passaient avant tout, il se dit qu'il lui parlerait plus tard pour lui annoncer son plan et qu'en aucune manière, il ne cherchait à le rayer de la course. Non, il ne pouvait perdre le seul ami qu'il avait contre un lapin et il saurait en ces termes le lui rappeler. Mais l'appât du gain était plus fort, avait décidé ses paroles.

Pendant ce temps, Fernando avait évidemment cherché Daisy du regard, cherché à reconnaître, identifier sa compagne d'enfantillage. Et, en effet, plus il la regardait, plus il se confirmait la chose. C'était bien elle et elle, oui elle le sentit, sentit que son regard n'était plus celui de ce Fernando Gas, alias Azazel, mais bien de ce jeune poulain qu'elle avait connu des années auparavant. Elle n'en laissa cependant rien deviner, rien qui aurait pu lui donner envie, lui donner la confiance, la moindre confiance d'aller aux devants d'elle pour tenter quelque explication que ce soit. Et, de toute façon, il était impossible de lui parler en présence de Todd et Truman-Horse ainsi que son nouvel ami Samuel qui devait aller se faire pincer les doigts.

Il ne suffit pas que Mira prît des cours d'équitation, elle voulut également entraîner ses propres enfants, Ânette et Domino, pour faire pencher la balance de son côté. Au départ, même s'ils se réjouirent à l'idée d'aller dans un manège et de monter à cheval pour de vrai, de quitter le jeu de petits chevaux qu'ils connaissaient par cœur, ensuite lorsqu'ils eurent à endosser le cheval pour de bon, ce fut une autre paire de manches. Avaient-ils senti auparavant, avant dans les paroles de leur mère, la sorte d'anxiété qui l'avait conduite malgré tout à leur proposer la monte ?

Nez à nez avec les jeunes pouliches, ils prirent peur, s'effrayèrent alors de la ressemblance en face d'eux, même s'ils sentaient une familiarité avec les bêtes. Etrange familiarité. Ce poulain ou cette pouliche à leurs côtés aurait pu être leur frère ou leur sœur. Cela n'était pas clairement formulé à leur pensée mais de l'ordre du ressenti. Alors que les autres enfants enfourchaient les chevaux avec joie, se délectant, riant, leur lançant des quolibets, les affublant de noms amusants, le frère et la soeur se figèrent sur place, pris dans une paralysie commune dont eux-mêmes s'étonnèrent et à laquelle ils ne trouvèrent pas d'explication quand on la leur demanda. Une aversion commune les rapprochait à cette sorte de diapason. Si bien qu'ils refusèrent de monter à cheval et se mirent à pleurer en guise de seule explication. Domino le plus jeune se rapprocha instinctivement comme pour trouver une consolation auprès d'une jeune pouliche à qui il confia quelques paroles balbutiantes. Ânette de son côté se mit à caresser la crinière d'un jeune poulain qui semblait compatir. Leurs sentiments étaient doubles – d'une part, ils sentaient qu'ils étaient dans leur élément, d'autre part, il leur était impossible de trouver là une position qui leur convenait. Sur le cheval, c'était impensable. En position d'animal, inimaginable. Il y avait toujours une moitié qui manquait ou bien une moitié de trop.

Leur mère à son retour ne trouva alors dans leurs bouches d'enfant que dépit et reproches. Ils lui en voulaient de les avoir conduits jusqu'ici même s'ils ignoraient la raison profonde de ce rejet. En même temps, tout cela résonnait du côté de leur père, de son départ et à la dispute qui avait abouti à ce hennissement lointain. Bien que lointain, il laissait supposer là un secret – un secret qui lui et elle, Ânette et Domino, les rapprochait, les scellait. Qu'avait voulu au fond leur mère en les poussant dans un manège ? Elle-même s'était posée la question dans le cadre de son travail thérapeutique. C'est elle qui tomba sur ce terme de « scelle », de ce qui scellait justement ses enfants et les mettait à leur tour en « selle »... Que cherchait-elle ? A les tester sans doute, interroger par le biais de ses enfants la position qu'elle aurait à adopter elle, à prendre pour entendre quelque chose de leur métissage. De plus en plus souvent, Mira était au manège, en selle elle aussi et cela d'autant plus qu'elle commençait de s'amouracher de ce cheval qui avait bien dix ans de moins qu'elle. A force de tourner en rond dans le manège, arriva ce qui devait arriver. Fernando ne partageant plus sa vie, elle fit rapidement la connaissance de Bernard. Lui avait déjà divorcé plusieurs fois et si cela l'effraya au départ, elle se dit qu'après tout, sortie de cette longue période de mariage, elle avait bien mérité de prendre du bon temps.

Du bon temps qui lui rappela aussi le bon temps lorsqu'elle avait rencontré Fernando quelques années auparavant et qu'elle découvrit pour la première fois les joies animales. Mais de la simple passade, peu à peu leurs liens se resserrèrent et leurs relations finirent par quitter le cadre étroit du manège. Il fut même bientôt question que Bernard vienne habiter à la maison. Restait à en parler aux enfants. Restait à faire le point sur ce qu'elle dévoilerait alors de leurs origines, du côté de leur père. Car Bernard n'était pas un cheval de ville ou plutôt n'était pas comme Fernando un cheval assimilé, un cheval qui avait toujours souhaité être et paraître un homme. Bref, pas un cheval qui pouvait passer pour ce qu'il n'était pas. Il ne s'habillait pas de la même façon que Fernando. Lui gardait une simple apparence de cheval, nu, naturel, sans le fard de la civilisation humaine. Cela pouvait paraître en contradiction avec les principes qu'elle s'était fixée pour l'éducation de ses enfants et pour le reste, à savoir de cacher toute trace en rapport au monde du cheval. Mais peut-être justement pour cette raison, elle s'y attacha d'autant plus, en cela que Bernard était tout le contraire. « La nature humaine est souvent paradoxale. » lui avait dit son psy avant d'ajouter non sans enthousiasme : « Si vous l'aimez, alors n'hésitez pas, franchissez l'obstacle ! »

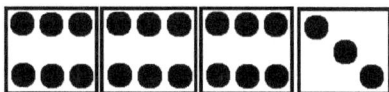

Fernando Gas se souvint de la conversation qu'il avait surprise entre William Todd et son ami George Truman-Horse le matin où ils s'entretenaient sur l'hippodrome. En particulier cette clause qui insinuait la possibilité pour Fernando de porter l'affaire devant les tribunaux en cas de réclamation sur le titre de propriété du cheval. Lui était le cheval. Mais en lui germa l'idée d'être aussi son propre propriétaire et, partant, de remporter les gains de la victoire.

Il y réfléchit longtemps. Longtemps repassèrent à ses pensées toutes ces ficelles qu'il ne savait comment tirer jusqu'au jour où il en confia l'idée à son ami Samuel, le lapin.

« Qui va courir ? demanda le lapin.

- Moi, répondit Fernando.

- Oui, mais qui fera office de jockey ? Il faut un jockey, tu ne te souviens plus ?

- Tu as raison, je n'y avais même plus pensé. J'ai tout fait pour évacuer ce passé, le refouler le plus loin que je pouvais de là en oublier les choses les plus élémentaires. Toi, tu pourrais peut-être ?

- Moi ? Je n'ai pas d'habilitation, il faut une licence

de monte, délivrée en bonne et due forme par la Société mère des courses. Moi, je n'ai jamais fait d'équitation, je ne sais même pas comment, non je n'ai fait jusque-là que de me coincer les doigts, c'est tout, monter à cheval, c'est une autre affaire ! Il faut trouver un jockey !

Tous les deux, embarrassés, délivrèrent leur bouche par l'argument de carottes fraîchement coupées.

- Et si nous trouvons un jockey, reprit Fernando, si nous trouvons quelqu'un, reste à savoir comment obtenir ce titre de propriétaire.

- Je retournerai à la Société mère des courses, j'en fais mon affaire. Il me faut quelques photos récentes de toi et un document prouvant que tu as travaillé à *Avoin'or* au cas où ton identité serait à justifier.

- Tu veux dire ?

- Au cas où ils auraient un doute sur ton identité d'homme. Tu sais, moi aussi, maintes fois j'ai eu à me battre pour convaincre que j'étais un homme alors que sinon, on me voyait en tant que lapin. Plus j'ai travaillé mon image, je veux dire ce costume, ce nœud papillon, cette mise que tu me vois aujourd'hui, plus j'ai travaillé mon discours ainsi que les raisons pédagogiques pour lesquelles je me proposais de travailler dans les rames, plus les gens entendaient alors ce qu'ils voulaient trouver de ressemblance entre eux et moi et non plus ce qu'ils voyaient chez moi de lapin ou autre animal à eux étranger. Les gens ont besoin d'être rassurés, d'être dans un miroir qui ne les déforme pas eux, qui leur renvoie suffisamment de leur propre image, de ce qu'ils connaissent sinon ils s'effraient, ils s'éloignent ou ils te rejettent. Le tout est de tout faire pour ressembler à leurs propres yeux.

- A leurs propres yeux… Tu as raison, c'est ce qui s'est passé pour moi à *Avoin'or* durant toutes ces années. J'ai été un homme tant que dans ce miroir dont tu parles ils me trouvaient les qualités et l'efficacité d'un coursier. Mais avant tout, c'était leur intérêt, leur propre intérêt qu'ils voyaient dans le miroir et non pas la personne que j'étais. Ce que j'étais, qui j'étais, ils s'en fichaient bien. Du jour au lendemain, ils m'ont vu comme cheval et non plus…

- C'est la même chose.

- Comment cela, la même chose ?

- Tu n'existes qu'en tant que tu es ce qu'ils attendent de toi.

- Oui, leur propre intérêt, c'est ce que je disais.

- Oui, mais ces choses dont je parle c'est celles aussi qui font ta personne à leurs yeux. Et il en va de même pour eux dans ton regard.

Cette confusion aux yeux des autres glissa dans le souvenir de Fernando à sa position à l'égard de Daisy.

Les carottes reprirent le dessus pour le lapin tandis que Fernando lui était rongé par tout autre chose.

- Tu vois, je te le disais, Daisy ne veut pas me parler, elle fait comme si je n'existais pas. Elle fuit mon regard.

- Attends, attends, il faut être patient.

- Je crois que c'est terminé.

- Que dis-tu ?

- C'est vrai, pas même un regard.

- Après tout, tu l'as abandonnée, non ? Et tu voudrais qu'elle te tombe dans les bras, comme ça, au bout de quelques semaines alors qu'elle…

- Tu as raison, dit Fernando qui ne pouvait se résoudre à ce présent.

- Imagine les années qu'elle a endurées après ça et toi...

- Oui, oui, c'est moi qui suis...

- Stupide ! en effet !

- En effet, je n'ai pas la patience...

- Tu n'as pas le choix ou plutôt le meilleur choix que tu puisses faire est de te concentrer sur cette course, de trouver tous les moyens de l'emporter. Crois-moi, cette course est la meilleure façon de lui prouver que tu regrettes le passé, que tu regrettes de ne pas t'être accroché à l'époque comme aujourd'hui.

- Mais comment le saura-t-elle ? Comment pourra-t-elle savoir tout ce que tu me dis là ?

- En gagnant la course, en gagnant cette course pour elle. Si toi tu n'y crois pas, comment après tout ce qui s'est passé entre vous elle te donnerait ne serait-ce que l'espoir d'y croire ? Si toi tu le veux, alors elle le voudra aussi ! Si toi tu es persuadé dans cette course de répondre au passé, alors cette réponse, elle l'entendra et la partagera et d'autant plus qu'elle le désire sans doute secrètement aussi. Si tu n'y as pas répondu à l'époque de votre jeunesse, reste en elle comme une pièce de puzzle vide, un jeu incomplet. Cette course est pour elle cette pièce qui lui a manqué comme la chevalière une preuve de ce manque.

- De toute façon, je n'ai rien à perdre.

- Comme pour cette course !

- Oui, tu as raison, cela demeure aujourd'hui la meilleure chose à faire. Reste à savoir comment.

- Je m'en charge. »

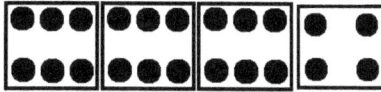

Quand Fernando revint chez lui, il trouva une selle, une cravache et des bottes fraîchement portées, fraîchement quittées. Il ne s'étonnait plus des travers de sa femme pour lui porter atteinte. Plus loin, il découvrit les mêmes attirails mais en modèle réduit. En enjambant des haies de course dans le couloir, il comprit que le cheval qu'il était leur manquait cependant et visiblement. Autant à sa femme qu'à ses propres enfants. « Quoi de plus naturel en même temps. » se dit-il. Cependant il comprit par là la direction que sa femme entendait donner à l'éducation des enfants. Il sourcilla. A cet instant même elle entra.

« Toi ? s'exclama-t-elle.

- Oui, moi.

- Mais où étais-tu ? Je croyais que tu avais disparu, que tu ne reviendrais plus.

- Ah ? Et pourquoi cela ?

- Pour ce que tu n'as donné aucun signe, aucune nouvelle depuis plus d'un mois ! le Docteur Vey aussi a cherché à…

- Qu'est-ce que c'est que ça ?

- Ça ?

- Oui, ça, c'est quoi ? tandis que Mira jetait un œil sur ce qu'elle venait d'acheter.

- De la paille. C'est pour les enfants.

- De la paille ?

- Oui, c'est eux qui m'ont demandé, ils ont insisté. Ils veulent de la paille pour jouer au jeu de petits chevaux. Ils m'ont aussi réclamé chacun un poster géant de chevaux de course en plein galop. Tu sais, j'ai l'impression que je me suis trompée sur leur compte, je veux dire j'ai tenté de mettre de côté le cheval qui était en eux et évidemment...

- Et évidemment ?

- Et évidemment il est ressorti.

- Tu croyais quoi ? Tu sais, à chaque fois qu'on jouait, ils voulaient tellement faire un [⚅]. Ils ont bien compris contre tout ce que tu as bien pu leur raconter ce que signifiait ce chiffre. Ils ne sont pas idiots, ils sentent tout, ils comprennent tout. Comment pouvais-tu imaginer ? »

A ce moment, même s'il n'y avait pas d'animosité l'un envers l'autre et justement pour cette raison, il comprit qu'il n'y avait plus rien entre eux, que leur amour avait fait long feu et s'était éteint.

« Je crois que je ne reviendrai pas habiter ici, dit-il les oreilles dressées.

- Tu as rencontré quelqu'un ?

- ...

- Parce que moi, il faut que je te dise... Elle hésita. Mais avant, dis-moi si tu as rencontré quelqu'un.

- Non, je n'ai rencontré personne mais quoi qu'il en soit, je ne désire plus revenir.

- Très bien, comme tu veux. En fait, j'ai peut-être été

injuste avec toi, je m'en suis rendue compte quand je me suis retrouvée seule avec les enfants, c'est vrai je n'ai pas été très *fair play*. Quand tu es parti, j'ai senti un manque, oui que tu me manquais, mais je n'arrivais pas à savoir en quoi exactement. J'ai fait comme si tout cela n'avait pas d'importance, avant de réaliser que je me trompais, que je répétais les paroles de mes parents. Ce n'était pas mon discours, c'était le leur. En ça je me suis trompée. Je croyais une erreur d'avoir épousé un cheval, en fait, c'était bien un cheval que je désirais, c'était bien un cheval que mon cœur réclamait et aujourd'hui encore, comment le nier, oui, j'ai rencontré quelqu'un, au manège. Bernard, c'est un cheval formidable, un cheval doux et attentionné…

- Tu m'en vois ravi.

- Oui, jusqu'à ce moment de le rencontrer, j'ai tout fait pour cacher, dissimuler ton passé aux enfants, je veux dire ton identité de cheval. L'idée m'est même venue de leur faire prendre des cours d'équitation pour brouiller les pistes, tu comprends. Mais c'est le contraire qui s'est produit. Cela a fait ressortir plus encore leur désir de savoir. Ils me questionnent chaque jour sur toi, où tu es, pourquoi tu es parti et aussi à propos de ce hennissement.

- Et tu leur as dit ?

- Je n'ai pas réussi, je n'ai pas eu le courage comme si j'appréhendais leur réaction, en même temps, je me rends compte que c'est stupide, que ça ne change rien. Qu'un jour ou l'autre, de toute façon, ils sauront.

- Et tu ne crois pas qu'ils savent déjà, que tu ne fais que retarder…

- Tu as sans doute raison.

- Alors pourquoi ne pas leur dire ?

- Bernard m'a dit que…

- C'est Bernard qui décide ?

- Non, pas du tout, c'est juste que Bernard m'a conseillée de le faire en même temps que je le présenterai aux enfants, histoire de faciliter les choses, tu comprends.

- Et toi, qu'en penses-tu ?

- Je pense qu'il n'a pas tort, cela leur évitera de tout mélanger.

- Tu ne crois pas que c'est le contraire, que c'est justement en respectant l'ordre dans lequel les choses se passent qu'ils auront l'impression de ne pas tout confondre.

- Tu veux dire ?

- Je veux dire qu'il faudrait commencer par le début, à savoir que leur père est un cheval et que leur mère, en l'occurrence toi, a choisi un nouvel ami, un nouveau mari comme tu veux qui lui aussi est un cheval car la mère que tu es ne déteste visiblement pas les chevaux…

- Tu te moques de moi ?

- Pas du tout. Mais je crois que ce Bernard te dirige plus que tu ne le crois. Je me demande qui est le cheval de l'autre, fit-il d'un drôle de rire.

- Je ne pense pas et d'ailleurs j'en parle dans le cadre thérapeutique à la différence de toi, si je ne m'abuse, le docteur Vey m'a appelée pour me demander de tes nouvelles, lui non plus n'en avait plus.

- C'est vrai, je n'y suis plus retourné et alors ?

- Alors tu aurais pu au moins le prévenir, c'était la moindre des choses, non ?

- Cela me regarde. Comme le fait que mes enfants apprennent qui je suis vraiment et que cela ne passe pas d'abord par Bernard.

- Pour leur parler, il faudrait être là.

- Je suis là pour ça.

- Ils ne sont pas là de toute façon, ils viennent de partir chez leurs grands-parents.

- Je vois… Quand pourrais-je les voir ?

- Jeudi.

- Alors, je reviendrai jeudi.

- C'est d'accord. Je crois en effet que c'est une bonne idée que ce soit toi qui leur en parles le premier, finalement. Cela me soulage de ne pas avoir à leur annoncer la première.

- Bien.

- Ah oui, autre chose… Il faut que je te dise que j'ai dit aux enfants que tu étais au Japon…

- Au Japon ?

- Oui, cela m'est venu comme ça. Que c'était Avoin'or qui t'avait envoyé là-bas pour courir autour de l'île.

- Drôle d'idée, dit Fernando avant de soupirer.

- Comme je ne savais pas quand tu rentrerais…

- A jeudi.»

Il tourna les sabots et « Japon » en tête, murmura « Sayonara ».

Plus que quinze jours avant la course. La date se rapprochait au trot et William Todd, quant à lui, galopait d'une humeur à l'autre, tout aussi massacrante chaque fois. Il s'énervait pour tout, susceptible au plus haut point et même son ami George qui le connaissait pourtant bien et de longue date, faisait tout pour l'éviter. Et quand il ne pouvait autrement que le rencontrer, alors il devenait mielleux ce qui agaçait plus encore Todd. Il faut dire la vérité, il en avait peur, tout simplement peur. Et plus encore ce matin-là où il arriva avec Plaisant, le jockey qui devait monter Azazel pour la course. William Todd n'était pas stupide. Il avait attendu le dernier moment pour la monte de Fernando, il savait que cela l'irriterait car toujours il s'était défendu d'être un cheval. Et d'avoir un jockey sur le dos, cela n'était pas évident. Il flairait la chose, Fernando n'aimerait pas se coltiner un autre animal sur le dos, que tant qu'il courait seul, il pouvait à la rigueur supporter le poids de sa position mais là, cela devenait plus délicat. Il fallait des pincettes et même si Todd était très énervé ces temps présents, il savait quand il le fallait aussi prendre sur lui pour arriver à ses fins. Jusque-là, il n'avait donc pas brusqué les choses mais ce matin-là, selon Todd, devait arriver pour Fernando comme un fait accompli. Après avoir investi la course durant plusieurs semaines, Fernando ne pourrait pas refuser la présence du jockey même si celui-ci devait grimper sur son dos.

« Plaisant, tu sais c'est lui, dit George avec précaution tandis que Todd regardait le jockey avec méfiance, c'est lui qui a remporté le prix d'Amérique l'année dernière…

- Je sais, je sais, fit Todd.

- Sur ce cheval, continua George, je ne me rappelle plus de son nom… ce cheval…

- Belle du Seigneur…

- C'est ça, Belle du Seigneur !

- Très bien, c'est parfait. Il fera l'affaire, voulut conclure Todd avant que son ami ne poursuive.

- Il est excellent tu veux dire, plus que l'affaire, c'est aujourd'hui le meilleur jockey sur gazon.

- Ah voilà ! Azazel ! Venez mon vieux ! Alors comment ça va ce matin ? Fernando se méfia à l'air aimable que prenait son Président, un ton qui ne lui ressemblait pas. Venez, je vous présente Plaisant, c'est lui qui courra derrière vous si je puis dire, c'est le jockey !

- Oui, bonjour, dit Fernando d'un ton éteint, hésitant à lui tendre la main ou lui asséner un coup de sabot. Lui aussi avait appréhendé ce moment depuis que Samuel le lui avait rappelé. Samuel était absent ce matin-là, il devait aller se faire soigner la main qui, à force d'être écrasée, pincée dans les parois du métro s'était infectée. Voilà pourquoi et plus encore Fernando était de mauvais poil ce matin-là à la vue déplaisante du jockey.

- Enchanté, fit Plaisant de même.

- Je vous préviens tout de suite que ce que vous tenez là - lui désignant sa cravache - ne fait pas partie du contrat passé avec Monsieur Todd. Déjà, j'ai accepté pour le mors, la selle et tout le tintouin...

- C'est moi le jockey, ce n'est pas vous. Depuis quand un cheval commande ?

- Calmez-vous, calmez-vous, intervint Todd, il n'est pas utile de se disputer avant même d'avoir couru, s'il vous plaît ! Azazel, écoutez, il a l'habitude de porter une cravache, c'est pour l'apparat, vous comprenez, il ne s'en servira pas...

- C'est à moi d'en juger, voulut intervenir Plaisant.

- Il n'y a aucune raison qu'il s'en serve, conclut Todd.

- Mais je vous préviens qu'au moindre coup, au moindre... avertit Fernando.

- Nous avons compris, dit Todd en élevant soudainement la voix. Messieurs, restez courtois avant la course. Azazel, ça suffit maintenant et vous aussi, Monsieur... j'ai oublié votre nom... ?

- Plaisant.

- Plaisant c'est ça. Plaisant, Azazel, Allez-y, allez en selle. Allez !

Entre temps, Daisy était arrivée et avait assisté à la scène.

- Méfiez-vous Plaisant, Plaisant c'est bien ça votre nom ? dit-elle comme pour rajouter de l'huile sur le feu.

- Oui, c'est ça.

- Comme c'est... Elle partit d'un rire et revint aussitôt. Méfiez-vous, reprit-elle, Azazel est un *cheval échappé*[9], il ne se soustrait pas comme ça à l'obéissance » dit-elle d'un ton de provocation. En même temps, on ne savait plus dans quel sens cette provocation avait lieu. Plaisant le prit contre lui, Fernando également, quant aux deux amis, William et George, eux non plus ne savaient plus sur quel pied danser. A ces mots cependant, Fernando hennit en guise d'avertissement. L'expression de « cheval échappé », il l'avait entendue maintes fois lorsqu'il était jeune et le temps de la course, cette expression fit résonner l'allusion au passé que Daisy plaçait là en ces mots.

La course démarra enfin devant un Todd exaspéré par les disputes du cheval et du jockey comme des simagrées de l'amie de son ami. George pesta contre elle pour faire entendre à son ami son allégeance. Pendant la course, Fernando dont l'expression « cheval échappé » l'occupait encore voulut un instant quitter de sillage, virer légèrement vers la corde mais Plaisant, ne comprenant la manoeuvre, instinctivement resserra la bride et comme rien ne se passa, il tenta de redresser Azazel. Il sortit le fameux bâton et d'un coup qui lui échappa tel un lapsus, il le frappa. Le mal était venu tout seul, cela lui avait échappé comme son cheval aurait pu dire Plaisant qui ne plaisantait jamais lorsqu'il s'agissait de course. Mais Fernando qui l'avait prévenu et lui non plus ne plaisantait pas au sujet d'une parole donnée, se cambra subitement de sorte que Plaisant n'eut pas

---

[9] Cheval difficile à soumettre.

le temps de se remettre en selle. Il alla valser, passa par-dessus la corde.

« Je vous avais prévenu ! hurla Fernando à Todd.

Plaisant ne portait plus son nom, aussi vrai que relevé de terre, il injuria Azazel.

- Moi, je ne cours pas dans ces conditions ! Qu'est-ce que c'est que ce cheval ? Je n'ai jamais vu une chose pareille ! C'est hors de question ! Je ne courrai pas !

- Calmez-vous, calmez-vous, nous allons trouver une solution, dit Todd. Vous n'êtes pas obligé d'utiliser votre cravache, cela n'est pas nécessaire, vous savez, Azazel sait très bien ce qu'il fait, vous n'aurez qu'à vous laisser porter...

- Que racontez-vous là ? Vous plaisantez, j'espère. Vous inversez les rôles, le cheval c'est lui ou moi ?

- Moi non plus, je ne veux pas courir avec un bourreau dans le dos !

- Ecoutez, calmez-vous, nous en reparlerons demain, nous verrons demain.

- Je ne viendrai pas, protesta Plaisant un doigt en l'air, on ne me traite pas comme ça !

- Plaisant... tenta à son tour George.

- Il n'y a pas de Plaisant !

- Fais un effort...

- Non !

- Moi non plus ! cria en réponse Fernando, moi non plus, je ne me laisserai pas manquer de respect de la sorte ! » Fernando quitta la piste et rentra dans son box se changer.

Entre temps le lapin arriva juste au moment où Todd, resté seul avec Plaisant et son ami George, insista auprès du jockey pour qu'il fasse quand même la course, lui promettant en cas de victoire la modeste somme de trois cent mille euros. Samuel, dissimulé derrière le petit muret, écouta avec attention ce qui se tramait. Le jockey d'abord réticent changea vite de visage, laissant même paraître des dents souriantes. Il était juste question de se laisser guider par Azazel, rien de plus et cela sans cravache jusqu'à la course. Le jour même de la course, il pourrait employer les moyens qu'il voulait à savoir l'usage de la cravache et que, de toute façon, Todd avait tout prévu pour qu'Azazel n'ait plus son mot à dire et se soustraie à l'obéissance. Qu'avait-il voulu dire ? se demanda le lapin caché derrière le muret. Il ne perdit pas une seule miette de leurs propos qu'il s'empressa plus tard de rapporter à son ami.

Pendant ce temps, où était passée Daisy ?

Là où Fernando ne l'attendait évidemment pas. Là, devant lui. Elle l'avait en douce rejoint dans l'écurie tandis que les trois hommes convenaient de leur arrangement. Elle arriva le visage sévère de celle qui a le dessus et qui le sait.

« Justine ! dit Fernando.

- Il n'y a plus de Justine. Elle laissa le silence ponctuer le propos. C'est Daisy à présent.

- Ecoute, il faut que je te dise...

- Non ! Il n'y a rien à dire, je ne suis pas venue pour ça. Je suis venue te dire que tu dois te méfier de ces deux tordus, ils cherchent à te carotter.

- Que veux-tu dire ?

- Qu'il est dangereux que tu participes à cette course, je veux dire en cas de défaite, je ne sais quelles représailles ils te réservent, ils sont capables de tout, voilà ce que je veux te dire. Moi-même je ne sais à quoi m'attendre...

- Toi ?

- George me fait suivre, je ne sais pourquoi, dans quelle intention... Il soupçonne un lien, une relation, quelque chose entre nous.

- Tu lui as dit ?

- Bien sûr que non, il ne doit pas savoir, je ne veux rien qu'il sache de mon passé avec ou sans toi. S'ils apprenaient quoi que ce soit sur mon passé, il en est fini de moi !

- Et cette chevalière que tu portes, dis-moi, est-ce bien celle que je t'avais offerte ?

- Je t'ai dit que je n'étais pas venue parler du bon temps, tout cela est terminé, tout cela est derrière nous maintenant, dit-elle d'un ton qui ne laissait pas place à autre chose.

- Ce que j'ai fait à cette époque, je n'en suis pas fier mais je n'avais pas d'autre choix ! Je n'étais maître de rien…

- Non plus de tes paroles, je sais.

- Ce que je veux dire, c'est qu'à présent les choses semblent se répéter, comme si là était une seconde chance pour moi-même, me prouver que je peux être à la hauteur des circonstances cette fois-ci. Ce passé en retour est comme devant moi, aujourd'hui devant mes yeux… Je dois faire face cette fois-ci !

- Cette fois-ci… répéta-t-elle avec ironie.

- Dis-moi, cette chevalière est bien…

- Tu en doutes ?

- J'en étais sûr. Mais alors…

- Alors s'il te plaît…

- Pourquoi la gardes-tu ? Elle garda le silence. C'est bien qu'il reste quelque chose pour toi de cette époque, n'est-ce pas ? Dis-moi, réponds-moi.

- Il n'y a pas de mots pour raccorder ce passé, entre temps trop de choses sont passées, se sont creusées. Cette chevalière est un souvenir, en effet, mais juste un souvenir… rien de plus.

- Alors laisse-moi te dire que cette course, je veux la gagner comme preuve, preuve qu'à l'époque je ne pouvais t'offrir. A l'époque, mes paroles ont été dépassées par une situation qui était devenue insoutenable. Aujourd'hui, je veux les rattraper, rattraper ces paroles qui sinon n'en finiront jamais de trotter dans ma tête.

- S'il te plaît, arrête, tu ne dois pas croire…

- C'est d'abord pour moi que je dois le faire, c'est important, plus important que je ne le croyais.

- La seule chose que je suis venue te dire, c'est de faire attention à Todd.

- Je te remercie Daisy. Mais alors pourquoi fais-tu tout ça ?

- Parce que je… En souvenir de notre passé.

Fernando voulut s'approcher d'elle mais elle recula.

- Quand nous reverrons-nous ? fit-il.

- Je ne sais pas.

- Au plus tard le jour de la course !»

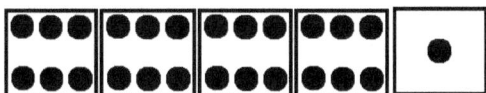

« Tu crois que papa va revenir ? demanda Domino à Ânette, sa grande sœur.

- Maman a dit qu'il reviendrait mais seulement pour nous voir, il n'habitera plus à la maison avec nous, plus ici.

- Il ne nous aime plus ?

- Non, maman dit que c'est elle qu'il n'aime plus, mais que nous, il nous aime encore et qu'il nous aimera toujours... toujours ! répéta-t-elle comme pour s'en convaincre.

- C'est pas vrai !

- Si, c'est vrai, maman a dit...

- Pas vrai je te dis !

- Si, maman a dit si, car on est ses enfants.

- Alors pourquoi il n'est pas là ?

- Il s'entraîne. Maman dit qu'il s'entraîne pour gagner la course.

- Quelle course ?

- La course du Triomphe.

- C'est quoi le Triomphe ?

- Je ne sais pas, je sais c'est une colline.

- Ah... c'est quoi une colline ?

- Une petite montagne qu'il doit monter pour gagner. C'est ça le triomphe.

- C'est pour ça qu'il n'est pas là... dit Domino pour se convaincre.

- C'est ça.

- Ânette ?

- Oui ?

- Ânette ?

- Quoi ?

- Tu crois que papa est un cheval ?

- N'importe quoi !

- Moi, je crois...

- Tais-toi, tu dis n'importe quoi ! Papa est...

- Alors pourquoi quand ils se sont disputés avec maman l'autre jour, il a henni ?

- Il a henni parce que...

- En tous cas, moi je pense qu'il est un cheval et que maman aime bien les chevaux. Et aussi que papa ne reviendra pas !

- Mais si je te dis que si !

- Non !

- Maman, elle dit la vérité...

- Papa est un cheval comme Bernard, je te dis, et toi...

- Quoi ?

- C'est quoi ça ?

- C'est mes cheveux.

- Oui, mais c'est quoi ? dit Domino en lui saisissant une mèche.

- C'est mes cheveux je te dis ! Arrête ! dit-elle en se dégageant.

- C'est une queue de cheval ! T'as une queue de cheval !

- Mais non Domino ! Les queues de cheval c'est pas ici, c'est là derrière, dit-elle en lui tapant sur le derrière en réponse.

- Arrête, moi je n'ai pas de queue de cheval, c'est les filles qui en ont, je ne suis pas une fille, moi !

- Non, mais tu as…

- Quoi ?

- Tu as des cheveux comme les chevaux, comme papa, tu as une crinière.

- Maman a dit qu'il fallait que j'aille chez le coiffeur.

Arriva Mira qui ayant surpris une part de leur conversation, se dit qu'il était temps de parler aux enfants à propos de leurs origines avant qu'ils ne s'embrouillent plus encore. Elle avait en effet perçu chez eux la confusion des mots et même si elle s'était engagée auprès de Fernando de le laisser lui parler aux enfants, elle se dit là qu'elle ne pouvait plus attendre.

- Tu as raison Domino, dit sa mère, nous irons demain chez le coiffeur. Tes chevaux sont… tes cheveux, rectifia-t-elle, sont trop longs, tu ressembles à un petit poulain.

- Ah, tu vois ! dit Ânette. Je te l'avais dit !

- Les enfants… dit Mira d'un ton plus grave qui annonçait des propos sérieux. Ils se rapprochèrent. Voilà, c'est au sujet de votre père.

- Il ne reviendra pas ? demanda Ânette d'un ton anxieux.

- Ecoute Ânette, écoute Domino, écoutez-moi tous les deux, papa reviendra vous voir. Mais ce que je veux vous dire, c'est que votre père… Elle se demandait comment tourner la chose, comment leur annoncer sans les brusquer, les choquer... votre père, lorsqu'il était jeune, lorsqu'il avait votre âge, il était...

- Un cheval ! cria Domino. Mira perplexe repensa aux propos de Fernando et se dit qu'une fois de plus il avait eu raison, les enfants étaient au courant.

- N'importe quoi ! répéta Ânette.

- Oui, tu as raison Domino, un cheval. Mais Mira se conforta dans l'idée qu'il fallait leur dire, leur parler de toute façon.

- Mais... commença Ânette.

- Je te l'avais dit Ânette, dit Domino, je te l'avais bien dit ! Papa est un cheval !

- Il est encore un cheval ? interrogea Ânette qui semblait ne pas y croire, qui n'arrivait pas à se figurer, se représenter son père comme un cheval. Elle ne semblait pas capable de croire en tant que petite fille aux révélations de sa mère.

- Oui, il est encore un cheval.

- Et toi ? demanda Domino.

- Moi ? fit Mira étonnée.

- Oui, tu es un cheval aussi ?

- Une jument, reprit Ânette qui connaissait la différence.

- Non, Domino, je ne suis pas une jument, je suis une femme. En principe, les femmes vont avec les hommes, les juments avec les chevaux mais votre maman a choisi de vivre avec un cheval.

- Ah ! s'étonnèrent les deux enfants.

- Pourquoi ? demanda Domino.

- Pourquoi ? Parce que j'aime les chevaux, dit Mira.

- Et nous ? demanda Ânette, nous on est quoi ?

- Vous êtes à moitié cheval. Et l'autre moitié…

- Et l'autre moitié comme toi, dit Ânette.

- C'est ça.

- Et plus tard ? demanda Ânette, plus tard nous serons quoi ?

- Vous verrez, ce sera à vous de choisir ou non.

- Mais comment ? fit la petite fille-pouliche.

- Comment ? Je ne sais pas, vous verrez.

- Ce qui veut dire que nous pouvons aussi hennir alors ? se réjouit Domino.

- Oui, vous le pouvez si vous le désirez. »

Une fois les mots dits, Mira se sentit soudain soulagée, heureuse d'avoir révélé ce qui toutes ces années pesait comme la plus lourde appréhension à venir. Cela ne lui parut pas si compliqué finalement. Lorsqu'elle se retira, les enfants se mirent à hennir pour entendre l'écho de leur voix avant de s'installer de nouveau au jeu de petits chevaux, heureux également d'avoir entendu la vérité dans la bouche de leur mère. Quelque chose se délia. Mais le jeu qui occupait toujours tout leur temps, de ce jour, n'eut plus le même goût, la même saveur. Ce qu'il y avait là de secret, de ce soir-là la magie disparut. Ils se tournèrent alors peu à peu vers le monde.

Vu la tournure des choses, Fernando Gas retourna rue de l'Abreuvoir pour voir s'il y était. En effet, il s'y trouvait. Docteur Vey s'en étonna également, surtout qu'il venait sans rendez-vous, sans même l'avoir prévenu.

« Excusez-moi, Docteur, mais les événements m'ont précipité dans une spirale dont moi-même je n'avais pas pris la mesure et... je suis désolé de venir comme ça sans... Je suis venu m'excuser et...

- Bon, asseyez-vous. Je ne vous garde pas longtemps.

- Oui, je suis venu vous présenter mes excuses et vous dire que cela va beaucoup mieux.

- Dites.

- Voilà, après une crise, j'ai dû quitter Paris et retrouver le petit Azazel en Normandie, là où je suis né, vous vous souvenez.

- Le petit Azazel ?

- Oui, le petit cheval que j'ai été. J'ai appris beaucoup de choses en retournant de là où je viens. Beaucoup de choses me sont revenues sur mon passé, sur tout ce qui a fait ce que je suis devenu aujourd'hui. Je me suis rendu compte que je me trompais, que la société des hommes n'était pas une communauté dans laquelle je me trouvais bien finalement, qu'elle n'était pas pour moi, et que c'était une erreur de croire en effet que je pouvais être un homme comme les autres alors qu'en réalité je suis un cheval. Et plus encore si l'on considère que les hommes eux-mêmes ne s'acceptent et ne se reconnaissent pas entre eux. »

Le Docteur Vey, tout à l'écoute de son patient, ne pouvait cependant s'empêcher de considérer les deux oreilles de Fernando, ces deux V retournés qui martelaient sa mémoire. Il se souvint que Fernando avait rêvé d'oreilles et qu'il en avait eu peur. Etaient-ce les siennes ou bien celles de l'animal ? Sans doute figuraient-elles celles du docteur puisque ce V était le nom qu'il portait. Lui revint alors en tête le cas de Freud « L'homme aux loups » ce fameux rêve dans la bouche de ce patient :

« j'ai rêvé qu'il faisait nuit et que j'étais couché dans mon lit. Tout à coup, la fenêtre s'ouvre d'elle-même, et, à ma grande terreur, je vois que sur le noyer en face de la fenêtre, plusieurs loups blancs sont assis. Vey vit tout à coup un loup étendu sur le divan et non plus un cheval. Un instant il prit peur jusqu'à retrouver la réalité en face de lui. *Il y en avait six ou sept. Les loups étaient tout blancs et ressemblaient plutôt à des renards ou a des chiens de berger, car ils avaient de grandes queues comme des renards, et leurs oreilles étaient dressées comme chez les chiens quand ceux-ci sont attentifs à quelque chose.* Voilà les oreilles, se rappela-t-il. Le récit de ce patient, il le connaissait par cœur, l'avait

lu et relu surtout quand il avait suivi le séminaire de Lacan qui avait décortiqué chaque phrase, chaque mot. *En proie à une grande terreur, évidemment celle d'être dévoré par les loups, je criai et m'éveillai.»* Le Docteur également revint à lui, au discours qui lui faisait face mais cela ne devait pas durer longtemps.

« Des semaines entières, je suis resté prostré là sans rien faire, comme un cheval à l'abandon, poursuivit Fernando. De *perroquet* en *perroquet…*

- Des perroquets ?

- Oui, j'ai noyé toutes ces années passées dans l'alcool afin d'oublier ma vraie condition avant de réaliser, oui, réaliser que j'étais un cheval tout simplement. Que c'était comme ça. Eh oui, vous entendez bien, j'ai dit un cheval. Car je suis un cheval au bout du compte, un cheval, un vrai et non ce que toutes ces années j'ai tenté d'être malgré moi pour croire je ne sais quoi, pour croire que j'aurais pu être autre chose que ce que je suis réellement. Oui, j'ai compris que tricher n'est pas jouer. Tricher n'est pas jouer, répéta-t-il avec surprise … Je bassine toujours mes enfants avec ça, dit-il, oui, en ignorant peut-être que c'est à moi que je m'adresse… Ai-je triché ? Ai-je triché à être un homme, ai-je triché et payé ma propre imposture ? Est-ce cela qu'il m'arrive aujourd'hui… ? On paye le prix de chaque chose… n'est-ce pas ? Je crois… »

Aussi le Docteur Vey partit au souvenir de ce cas de phobie animale, un autre cas raconté par Freud, le cas du « Petit Hans » qui ne pouvait plus sortir dans la rue dans la crainte de se faire mordre par un cheval. Là, il s'amusa de la situation. Devant lui, c'était un cheval qui avait peur des hommes, un cheval perdu et lui Vey se trouvait en position de père. Ce cheval avait-il peur que lui, le Docteur Vey, ne le morde ? Il s'égarait en formulant diverses associations au fur et à mesure qu'elles se formaient. Ses oreilles, tantôt extérieures, filaient le discours de Fernando, tantôt intérieures passaient d'un souvenir à l'autre. Quand cinq heures sonnèrent enfin, il arrêta le soliloque de Fernando en pensant : « Tiens ! Cinq aussi s'écrit V !   Comme dans l'Homme aux loups… »

« Ecoutez, je n'ai que peu de temps à vous accorder, finit-il par dire à Gas…

- Je comprends, je vais vous laisser. Voilà la course du grand prix de l'Arc de Triomphe a lieu dans une semaine et… Je souhaiterais vraiment que vous y assistiez…

- Dans une semaine, vous dites… ?

- Oui, une semaine. Pile une semaine !

- Je verrai. »

La nuit suivante, Vey rêva.

Un cheval en costume trois pièces se présentait chez lui, l'air embarrassé. Lui, comme à son habitude, trônait dans son cabinet. Le cheval déballa son mal :

« Bonjour, je souffre de dédoublements. Quand je ne suis pas ici, je suis là. Et quand je suis là, je ne suis pas ici, vous comprenez. Parfois je dois me mettre en quatre pour me retrouver. Cela est alors plus compliqué et parfois aussi gênant car depuis peu j'ai appris que je ne pouvais compter sur personne ...

- Je vois.

- Non, vous ne voyez pas, vous ne pouvez pas voir.

- C'est-à-dire ?

- En fait, si je suis ici, poursuivit le cheval, c'est que je dois vous informer qu'il y a ici même, dans cette pièce, oui, il y a un cheval. Ne vous effrayez pas, il n'est pas bien méchant et si je considère votre cabinet, j'ajouterai qu'il ne pourra pas aller bien loin.

- De qui parlez-vous ?

- Il se prend pour quelqu'un d'autre, cela est sûr. Car sinon, il ne serait pas là.

- Je vous entends, mais de qui parlez-vous ?

- De ce cheval. Il est à mille lieues de penser que je suis ici. Il n'y a donc aucun risque. Et si je suis ici, vous comprenez donc que ce n'est pas pour rien. C'est qu'aussi quand je vous parle j'ai l'impression d'être loin, très loin également. Le petit cheval dont je vous parle, c'est le petit Azazel, celui que j'ai été il y a fort longtemps.

- C'est donc lui ?

- Oui, en effet, c'est lui qui refait surface chaque fois que je viens ici. Et chaque fois qu'il refait surface, en même temps, j'ai l'impression étrange qu'il m'éclipse, qu'il prend toute la place, une place qu'il ne souhaite partager. C'est lui qui parle, c'est bien lui et c'est bien le problème.

- Je vois.

- Non, vous ne voyez rien, vous ne pouvez pas voir, tout cela se joue en coulisses, comme dans un rêve ou dans une course où il n'y aurait pas de temps, pas de victoire, seulement la concurrence de plusieurs chevaux en même temps, de plusieurs voix.

- J'entends.

- Et depuis que je viens vous voir, ici au cabinet, le passé empiète.. oui le passé empiète sur le présent.

- C'est-à-dire ?

- Voilà j'ai des gênes.

- De quelle sorte ?

- Par exemple, l'autre jour au café, j'ai voulu aller aux toilettes et quand je suis rentré dans les toilettes alors vides, j'en suis ressorti. Elles étaient occupées. Par qui ? Par moi, oui c'était moi mais la sensation était la même que si elles avaient été occupées par quelqu'un d'autre, vous comprenez.

- Je comprends.

- Non, vous ne comprenez pas, il m'a fallu ressortir, et j'ai prévenu la personne qui arrivait ensuite qu'il y avait un cheval dans les toilettes mais qu'il ne fallait pas s'en effrayer car il ne pouvait pas aller bien loin et que de plus il n'était pas bien méchant, vous comprenez…

- Vous voulez dire, dans le cabinet, ici même… ?

- Le cabinet ?

Le cheval s'arrêta, pris dans l'association que le psy lui livrait. Il y avait en effet une autre personne au cabinet. C'était le petit Azazel, personnifié en la personne du Docteur Vey. Voilà la solution qui émergeait au récit du cheval. Mais où était le Docteur dans ce rêve ? Qu'avait-il voulu signifier au travers de ce rêve ? Que lui-même était en place de ce petit inconscient qui circulait de l'un à l'autre ? Il le savait depuis belle lurette ! Non, il y avait là dans ce rêve comme le ras-le-bol qui lui indiquait qu'il allait bientôt raccrocher, qu'il allait bientôt tirer la chasse d'eau de ce cabinet où il en avait marre qu'on lui raconte toutes ces histoires qui ne le concernaient plus. Pourquoi jusque-là il s'en était trouvé concerné ? Voilà la question qui plus encore le rappela à cette saturation qu'il ressentait depuis longtemps. Ce cheval allait le faire avancer plus vite qu'il ne le pensait, lui faire sauter quelques cases. Peut-être même allait-il faire un ⚅ lui aussi, sortir de ce cabinet, oui en sortir pour de bon ?

Ce cheval était comme une preuve qu'il lui manquait quelque chose, une chose qu'il ignorait. Il le ressentait comme ça, comme une espèce de pièce qui manquait à son raisonnement à lui. Il se dit alors

qu'il irait assister à la course du grand prix et qu'il
ne manquerait pas de miser sur lui, sur ce drôle de
cheval !

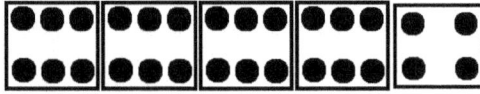

Ce matin-là était un matin comme les autres.

De bon pied, Fernando se leva. A celui de son lit, il vit avec stupeur ce qu'il n'aurait jamais imaginé voir. C'était cette chevalière qu'il avait offerte quelques années auparavant à Daisy. Comment était-elle arrivée là ? Que signifiait sa présence ici même dans les écuries et plus encore au pied de son lit ? Il jeta un œil à la porte ainsi qu'à la fenêtre pour voir si quelqu'un venait de sortir, une trace d'un récent passage mais rien. Pas même ces deux hommes de main qui le traquaient nuit et jour. Son étonnement se prolongea sur le petit mot cacheté dans une enveloppe, un petit mot qui accompagnait la bague. Il déroba rapidement la chevalière au cas où quelqu'un l'aurait épié puis s'empressa d'un même geste au petit mot. Il enfila la bague à son doigt comme pour rappeler le passé à sa vue. Puis il décacheta l'enveloppe et lut :

« Fernando, voici la chevalière qui nous liait encore au passé, je te la rends pour que le présent t'appartienne de nouveau et que tu retrouves la liberté dont tu as toujours rêvé. Tu y tenais tellement.

Aujourd'hui, notre passé est loin. Bonne chance pour la course ! Une compagne d'enfantillage.»

Que signifiaient ces paroles ? se demanda Fernando qui tout à coup fronça les sourcils. Etait-ce un aveu définitif qui ôtait tout espoir ou bien la possibilité cette fois de tenir parole ? Leur passé était loin, disait-elle, mais il était loin de toute façon. Voulait-elle dire qu'elle était devenue une femme et que lui était resté un cheval ? Qu'importe ! se disait-il, qu'importe, homme ou cheval, c'est elle qu'il aimait de nouveau, il en était persuadé. En même temps, à quoi bon s'illusionner ? Il était un cheval, il l'avait peu de temps auparavant avoué au Docteur Vey, cela coulait de source. Et elle ? Que ressentait-elle à présent ? Etait-elle comme il l'avait été lui tiraillée entre son identité de femme et de jument ? A quoi servait de croire encore être un homme quand à tout point de vue, à présent, il se ressentait pleinement un cheval ? Il sentit à cette pensée un poids en moins. « Un poids en moins, un poids en moins… » répéta-t-il comme s'il entendait là autre chose. En effet, l'idée jaillit soudain. L'ingénieuse idée lui vint donc de supprimer le jockey sur son dos. Il fallait en faire part à Samuel le plus vite possible. L'idée donc était simple, il courrait en costume, toque et casaque de manière à ce que les spectateurs n'y voient que du feu, croient en effet qu'il y a bien un jockey sur son dos quand lui, Fernando, réaliserait à lui seul la combinaison de deux personnes. Homme et cheval en un. L'idée était d'autant plus pertinente que de sa vie, il avait toujours souhaité être reconnu un homme en même temps qu'aujourd'hui il était plus que jamais un cheval revenu à l'évidence de ses origines.

Daisy elle-même serait peut-être à son exemple sensible à ce que cette course ramènerait sous ses yeux et peut-être elle-même comprendrait l'évidence, la force de ses propres origines. Qu'il était possible de paraître deux personnes en une seule. Les commissaires désignés à l'observance des règles de la course n'y verraient également que le feu de son costume et la force de son regard. Cette pensée chassa alors toute appréhension. Il ressentit comme lorsqu'il était jeune cette sorte de force vitale, cette force qui dès le moment où le petit Azazel était venu au monde, il savait de manière précoce qu'il ne renoncerait jamais à être ce que lui avait décidé d'être et non l'inverse même si le chemin était long, même s'il devait passer par maints obstacles. L'essentiel, s'était-il toujours répété, est de ne pas s'arrêter en chemin en rencontrant chaque fois des obstacles, non l'essentiel, c'est de garder toujours en tête ce qu'il y a derrière et ce qu'on a décidé de dépasser. Garder la tête haute pour voir derrière... Voilà l'esprit avec lequel il aborderait la course, cette fois-ci ! Voilà avec quelle force il courrait ce jeudi qui arrivait plus vite qu'il ne le pensait, qui arrivait plus vite qu'un simple jeudi.

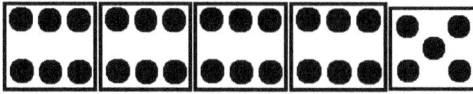

La course contre la montre avait donc commencé. Les deux amis ne se quittaient plus afin de mettre tout au point pour la course. On était dimanche et le jour fatidique déjà se profilait. Le lapin en vint à évoquer la conversation qu'il avait entendue entre William Todd et son ami.

« Je ne sais ce qu'ils manigancent mais il faudra être très prudents.

- Tu as raison. Daisy aussi m'a dit de me méfier sans me dire exactement ce qu'ils ont l'intention de faire…

- Nous ne nous laisserons pas mener par ces deux hommes. Nous aussi nous allons agir contre ce Todd. Méfions-nous d'abord de son orgueil, William Todd ne supporte pas l'humiliation et plus encore de la part d'un cheval…

- Ou d'un lapin ! rajouta Fernando.

- Oui, tu as raison, il a un profond mépris pour la gente animale tout entière alors qu'il ne se rend pas compte que c'est toi qui court et non lui…

- Cet homme doit payer ! Nous allons le faire payer ! Dis-moi quel est ton plan ?

- Déjà nous débarrasser de Plaisant avant la course.

- C'est exactement l'idée que j'ai eue !

- Tu veux dire ?

- Je me suis dit que je pourrais courir tout seul.

- Tout seul ? s'exclama le lapin.

- Je suis sûr qu'il y a moyen de créer l'illusion, l'illusion que je suis et le cheval et le jockey.

- Oui, mais les juges à l'arrivée, ils verront bien que tu cours seul. Comment comptes-tu… ?

- Pas si je m'habille en costume et que je porte une casaque.

- Et si Plaisant va à la pesée avant la course, il faudra qu'il soit là également à la fin, à l'arrivée pour la pesée de nouveau, comment allons-nous gagner si à la pesée tu arrives seul ? Ils verront la supercherie…

- Il y a sans doute un moyen, je te dis, il faut y réfléchir ! Prévoir les mêmes couleurs que celles que portera Plaisant… Ils réfléchirent un instant.

- Oui mais les couleurs de Plaisant, fit remarquer Samuel, ce sont celles de Todd, il faudrait prévoir d'autres couleurs. Celles de Todd sont rouges, nous, nous pourrions choisir celles des carottes, l'orange.

- Bonne idée !

- Les référencer aussi dans le certificat, je me charge des corvées administratives, de ce côté, ne t'inquiète pas. Mais il reste à ramener Plaisant au moment des pesées à l'arrivée.

- Il faut d'abord le faire disparaître… Une fois encore, ils cherchèrent une solution.

- J'ai une idée ! s'écria le lapin en brandissant une carotte. Voilà, avant la pesée, il faudra administrer à Plaisant une piqûre pour l'abrutir, juste le temps de le conduire à la pesée en troquant sa couleur rouge pour la nôtre. Ensuite, nous l'enfermerons sans histoire dans un box, le tien, le temps de la course, puis, la course finie, nous le ressortirons, ni vu ni connu.

- Oui, oui, c'est une très bonne idée ! Merci Samuel.

- De quoi ?

- De tout ce que tu fais pour moi. Tu sais depuis quelques jours, j'ai l'impression d'avoir repris vraiment confiance. Je t'en remercie.

- Je sais ce que c'est.

- Aussi que cette course sera la course de ma vie, une sorte de seconde chance qui m'est donnée et j'espère qu'à travers elle, Daisy me reconnaîtra, réalisera mon amour pour elle.

- Tiens, ta chevalière est plus belle que je ne l'imaginais, dit le lapin avec étonnement lorsqu'il perçut la bague au doigt de Fernando.

- Merci... dit Fernando, songeur, merci. Il songeait en effet au jour incertain alors où il pourrait de nouveau l'enfiler au doigt de Daisy.

●●● ●●● ●●● ●●● ●●●
●●● ●●● ●●● ●●● ●●●

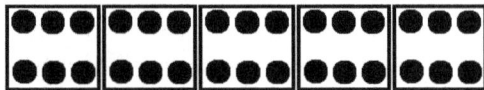

Pendant ce temps, au volant de sa Chevrolet coupée – 116 chevaux -, Todd et son ami fonçaient vers la victoire. Ils roulaient si vite qu'en les croisant, on était sûr qu'ils étaient très pressés. De quoi ? De gagner la course de jeudi sans doute car, à n'en pas douter, Todd en était persuadé. Et plus que ça ! L'idée de ne pas remporter la victoire lui était impossible, insupportable. Il ferait tout pour arriver à ses fins, quitte à employer le pire. Et c'est de ça justement dont les deux amis parlaient. Et dès qu'une idée le dérangeait, qu'une idée coinçait dans son esprit clair, trop clair, il accélérait comme pour tenter de la supprimer, tenter de la semer par la vitesse. Son ami George ne s'en formalisait pas. D'une part, il avait l'habitude, d'autre part, il se disait qu'à le lui faire remarquer, ce serait pire encore, ce serait augmenter sa susceptibilité et donc la vitesse du véhicule.

« Il faut droguer Azazel, il n'y a pas d'autres solutions !

- Tu as raison, dit George, il n'y a pas d'autre…

- C'est Plaisant qui doit tenir la bride et reprendre la cravache, de toute façon ce cheval l'a bien mérité ! Il sortira le bâton et le frappera si nécessaire, de toute façon il faut gagner !

- Une fois drogué, il fera ce qu'on lui dit de faire !

- Et il le fera ! ajouta Todd en appuyant sur l'accélérateur.

- A propos, tu sais, Daisy a bien caché son jeu…

- Quoi ? Quel jeu ? fit Todd d'un ton distrait comme chaque fois que son ami lui parlait, il l'écoutait à demi, une oreille toujours intérieure qui lui permettait en même temps d'avancer dans ses affaires.

- C'est une jument !

- Quoi ? Tu es sûr ?

- Comme je te vois.

- Comment le sais-tu ? s'intéressa soudain Todd en accélérant.

- Les dernières nuits, dans son sommeil, elle a murmuré des choses bizarres, je croyais qu'elle murmurait, en fait, elle bavait, exactement comme font les chevaux.

- Daisy ?

- Tout à fait et puis, plus tard, ce n'est pas la première fois qu'elle fait ça, mais là je me suis bien rendu compte, elle a henni !

- Il faut t'en débarrasser ! dit Todd qui n'en revenait pas.

- Tu crois ?

- Ces chevaux commencent à me courir ! s'exaspéra Todd, accélérant encore. Ils sont partout même là où on ne les attend pas.

- Attention ! cria George. Ils manquèrent de rentrer dans la voiture d'en face qui elle ne manqua pas de klaxonner.

- Tu as raison, poursuivit Todd comme si rien ne s'était passé, d'une manière ou d'une autre, il faut la supprimer. Je parie même qu'elle est au courant de certaines de nos affaires et je ne me trompe pas à imaginer qu'elle a même répété des choses à qui tu sais ...
- Tu veux dire ?
- Exactement ! Lui-même ! Alors si ce n'est pas toi qui le fais, je m'en chargerai ! Je ne veux pas d'histoire !
- Je m'en charge, ne t'inquiète pas, dit George avant d'ajouter : Il n'y aura pas d'histoires !
- Je ne m'inquiète pas. Je compte sur toi pour faire le nécessaire ! Quant au jockey... ce Plaisant, je ne l'aime pas non plus, d'ailleurs je n'ai jamais aimé les jockeys, ils se croient tous indispensables comme si c'étaient eux qui couraient ! Ce Plaisant ne mérite pas tous ses titres, il mériterait plutôt une mise à pied ! Là, il se rendra compte qui court ! »

Todd accéléra encore, prit en trombe le virage qui caressait l'hippodrome. Une fois arrivés, ils mirent encore au point les derniers détails de leur stratégie concernant la pilule à administrer à Azazel. Mais le petit muret n'était pas seul à tendre l'oreille. Daisy était arrivée la première et quand elle reconnut la voix de son ami, d'une sorte d'intuition animale, elle se dissimula pour entendre leur plan. Et elle fit bien. Elle voulut au plus vite prévenir Fernando. Mais elle n'en eut pas le temps. Le jour même, George répondant aux exigences de son ami, la fit enfermer dans des écuries à Vincennes où Todd avait là aussi des dépendances.

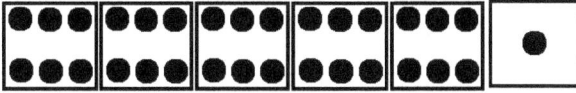

La nuit précédant la course, deux hommes arrivèrent discrètement aux abords de l'hippodrome. Deux hommes commandités par le Todd qui savait ce qu'il faisait.

Quand ils approchèrent lentement des écuries, une petite lumière venait de s'éteindre. Dehors était noir comme le charbon. C'était Fernando qui se couchait. Ce soir-là, la veille du grand jour, il était dans une sorte de recueillement, comme s'il priait au bon déroulement des choses car, une à une, elles paraissaient si nombreuses. En revue il les repassait toutes pour ne rien oublier, même s'il devait se concentrer avant tout sur la course. Mais c'était plus fort que lui, il ne pouvait s'empêcher de se remémorer chaque acte qui devrait avoir lieu. De sa sortie du box jusqu'au paddock, l'enfilage de sa tenue orange avec Plaisant à ses côtés ! Puis la course en costume trois pièces ! un costume orange taillé sur mesure, exprès pour lui. Puis… puis… Tout ça défilait, défilait encore et lorsque c'était fini, il recommençait pour ne rien oublier. En même temps, il y avait Samuel, c'était son rôle de veiller à tout. Mais Fernando aussi veillait et plus encore car il savait là que sa vie était en jeu, qu'il jouait gros et bien plus gros qu'une simple mise d'argent. Là était pour lui une question de vie ou de mort. Non, il ne trouvait pas le sommeil. Où l'aurait-il trouvé ?

Les deux hommes de Todd, quand passèrent deux bonnes heures, décidèrent alors de pénétrer dans l'écurie. C'était la recommandation de Todd. Attendre au moins deux heures qu'il éteigne la lumière pour s'assurer qu'il dorme bien. Fernando, quant à lui, prévenu et par Daisy et par son ami Samuel, n'ignorait pas qu'il courait à tout moment un danger. C'est pourquoi plus qu'aiguisées, en forme de V retournés, ses oreilles surprirent cet infime grincement lui indiquant la présence d'inconnus. Aussi reconnut-il des pas qui dans la terre battue s'approchaient sans en avoir l'air. Il comprit, saisit immédiatement qu'il lui fallait jouer le mort ou plutôt l'endormi. Il ronfla peu à peu, bourdonnant d'abord puis accentuant la cadence comme l'intensité de son vrombissement. Cela rassura les deux hommes qui, sans se douter que celui-ci feignait le sommeil – après tout c'était un cheval ! – se rapprochèrent. Sa respiration était maintenant lourde, donnant l'assurance aux deux hommes qu'il n'y avait plus le moindre danger. L'un cependant restait sur le qui-vive pendant que l'autre sortait de son sac la pilule à administrer au cheval. Aussi ce grand tube qui servait d'habitude à infliger aux chevaux leurs médicaments. Sans faire de bruit, il introduisit le tube aux lèvres de Fernando qui, comprenant dans la pénombre à quoi il était livré, se prêta au jeu. L'homme poussa plus avant le tube à l'intérieur de la bouche d'Azazel et quand il sentit le tube bien enfoncé, il prit la pilule, la fit entrer d'un côté et aussi rapidement qu'il l'avait introduite précipita ses lèvres à lui pour souffler le remède à l'intérieur du corps de l'animal. Mais entre temps, Fernando ayant compris leur manège, toujours feignant le sommeil, bloqua avec sa langue l'arrivée du projectile. Puis Fernando l'accompagna d'un léger tressautement désignant aux deux hommes que la pilule avait bien été avalée. La sarbacane retirée, l'homme qui se tenait debout indiqua à celui qui s'était penché vers Fernando de décamper aussitôt. Ce qu'ils firent. Fernando recracha immédiatement la pilule qui n'était qu'un cachet servant à l'abrutir le lendemain.

Il avait réussi à déjouer la première épreuve de cette course qui venait à peine de commencer. Mais il en restait encore et tant d'autres à affronter le lendemain. Il fallait dormir à présent. Cette épreuve passée, le sommeil alors fut comme délivré.

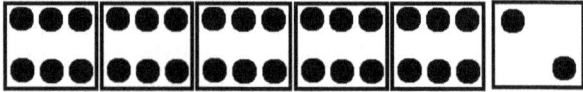

Avant d'arriver à l'hippodrome, George fit un détour du côté de Vincennes là où croupissait Daisy, enfermée dans un box. A double tour. En fait, il venait pour en finir, pour ordonner à ses hommes de main de glisser dans sa nourriture un poison qui lui ôterait le jour comme la nuit. Le jour lui avait déjà été ôté car aucune fenêtre ne lui permettait de l'apercevoir. Elle ne savait plus ce qui l'attendait. Et plus elle attendait, plus ses pensées étaient ballottées entre un passé qu'elle avait mis de côté depuis longtemps et cet extraordinaire présent auquel évidemment elle ne pouvait se soustraire. C'est la peur, l'angoisse de ne rien savoir qui la ramena de ce côté. Sa chevalière absente, elle se souvint alors du mot qu'elle avait déposé au pied du lit de paille de Fernando. Oui, le passé parlait en elle plus que jamais et elle, dans l'impossibilité de s'en défaire comme de sortir de cette cellule, comprit soudain les sentiments qu'elle avait conservés intacts, là dans un coin de cette étrange mémoire, des sentiments qui rejouaient sans cesse la scène de cette promesse que Fernando lui avait faite à l'époque, de son cœur qui s'était alors mille fois serré, mille fois retourné, pour ensuite apprendre que Fernando avait disparu, avait tout quitté. Que là son cœur avait eu beau marteler sa poitrine, l'absent était bien là ! Que son cœur s'était déchiré ensuite pour ne jamais se refermer... Longtemps donc elle repassa les épisodes de sa vie. Et aujourd'hui, y avait-il un espoir de guérir de cette blessure ? La donne avait-elle changé ? Il lui semblait que oui, que quelque chose en effet avait changé, que quelque chose avait mûri en elle et peut-être en lui aussi.

Quand on lui apporta une sorte de *carrot-cake*, non pas qu'elle fisse la fine bouche mais elle n'avait pas le coeur à ça. A rien avaler d'ailleurs. Non, son cœur gonflé de larmes, pressentant le pire à venir, lui dicta de réagir. Elle ne pouvait se laisser aller de la sorte, elle ne le pouvait d'autant moins que Fernando courait le même danger. Qu'il serait sans doute condamné au pire, lui aussi. Il fallait l'avertir ! Cette même infortune les rapprochait dans son esprit comme leur même origine. A jouer la femme qu'elle n'avait jamais vraiment été, elle se piqua en effet à la vérité. Une vérité qui ramenait aujourd'hui cette même souffrance qu'elle avait endurée tant d'années. Non, il fallait qu'elle réagisse ! Comme Fernando l'avait fait ! Et sous ses yeux ! Que la force qui en lui le pousserait dans quelques instants à remporter la victoire pour lui prouver à elle qu'il l'aimait sans doute encore, cette même force, elle ne pouvait l'abandonner, et, au contraire, elle devait s'en saisir et la partager pour réussir à quitter cette prison !

La course était là, imminente, tendait les bras à tous ceux qui avaient eu une bonne raison d'y assister.

William Todd, plus que nerveux, était accompagné de son ami George ainsi que Plaisant qui bientôt devrait rejoindre le paddock pour la pesée. Todd lui indiqua la situation telle qu'il l'avait prévue, à savoir qu'Azazel ne pourrait rien, ne réagirait pas, vu l'état dans lequel il était, un état qui cependant n'altérait pas ses capacités de jambe.

Plus haut, il y avait Mira et les deux enfants, Domino et Ânette, qui attendaient eux aussi beaucoup de cette course et, bien entendu, souhaitaient la victoire de leur père. Car ce triomphe serait la marque, la preuve qu'il assumait et revendiquait à la fois son identité, sa fierté chevaline quand jusque-là il n'en avait jamais été question à la maison. De plus, la vue du terrain et de tous ces chevaux était comme le jeu des petits chevaux mais d'une autre mesure, paradoxalement d'une mesure plus humaine et surtout plus réelle à leurs yeux qui découvraient ce jeu grandeur nature. Tout semblait plus sérieux en grand. Leur mère n'était pas venue seule. Bernard aussi était là, un Bernard qui sinon jaloux, se demandait ce qu'il faisait là. Après tout, lui aussi était un cheval. On aurait pu s'attendre à ce qu'il se réjouisse de l'intérêt qu'on portât à Fernando. Mais là n'était pas le cas. Assister à cette course, tout ce milieu des chevaux, ce n'était pas son dada. Il le faisait pour Mira et les enfants d'abord.

Un peu plus haut encore, coincé tout en haut des tribunes comme pour prendre le recul nécessaire, on apercevait le Docteur Vey. Discret comme à son habitude, il revêtait cependant une tenue de cavalier. Allez savoir pourquoi. Peut-être lui aussi montait à cheval quand il n'était pas dans son cabinet ? Peut-être lui aussi se disait-il qu'il était une partie d'un tout que la course en quelque sorte devait réaliser, servait à réunir tous les acteurs de cette histoire.

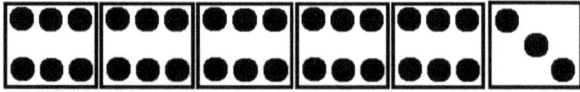

Partout les paris fusaient. Au guichet comme aux oreilles. Partout des *chevaux chuchotés*[10], partout on jurait tel cheval contre tel autre, l'effervescence ruisselait dans la foule et le *betting*[11] était à son comble. Tout le monde était sûr d'avoir misé sur le bon cheval. Il n'y en avait pas de mauvais sinon ceux qu'on n'avait pas joués, évidemment.

« Le *canter*[12] a eu lieu ? demanda William Todd.

- Oui, oui, Azazel est prêt. Il a fini de s'échauffer. Il est parfaitement affûté. Ne t'inquiète pas, il semble que la pilule a fait son effet. Fernando était sur le paddock, trottant pour conserver la chaleur de ses muscles, attendant la suite des événements et prenant

---

[10] Se dit d'un cheval qui fait l'objet de bruits favorables le matin à l'entraînement.

[11] Ensemble des cotes et rapports probables des différents chevaux d'une course.

[12] Echauffement d'un cheval avant le départ d'une course.

l'air abruti pour laisser croire que la pilule en effet avait bien été ingurgitée.

- Plaisant, allez-y, ordonna Todd au jockey. C'est la pesée. Ne vous mettez pas en retard », ajouta-il impatient. Plaisant s'exécuta non sans s'être fait une idée définitive de ce Todd et se répétant que c'était la dernière fois qu'il courrait pour lui. Il ne croyait pas si bien dire.

« Papa n'est pas là ? demanda Domino à sa mère. De là où ils étaient assis, ils ne l'apercevaient pas.

- Il va arriver. La course n'a pas encore commencé.

- J'ai hâte de le voir courir ! ajouta Ânette.

- Bientôt, bientôt... » chuchota Mira pour calmer leur impatience. Bernard, quant à lui, tentait de retenir sa respiration à cause des odeurs des autres chevaux qu'on lui imposait. Il n'était pas à son aise, cela se voyait malgré tous les efforts qu'il faisait pour être agréable.

Plaisant descendit les marches vers le paddock à l'endroit des pesées lorsqu'il rencontra Samuel Rabbi, le lapin, qui une carotte à la main venait à sa rencontre le regard pressé. Il agitait sa carotte comme pour signifier au jockey quelque chose. Celui-ci, intrigué, se recula mais la détermination du lapin était telle que...

« Venez mon vieux, il faut que je vous dise...

- Mais non, écoutez, je dois aller... dit le jockey en cherchant à se dégager.

- Cela est de la plus grande importance, croyez-moi, juste un mot, après vous êtes libre de faire tout ce...

- Mais qu'est-ce que c'est que ces manières... ?

- C'est à propos d'Azazel...

- Azazel ?

- Oui, il n'est pas très bien, dans son assiette je veux dire... Et voilà pour la course, il faudrait... Tout en lui parlant, Samuel entraînait Plaisant à l'abri des regards. Il croquait de temps en temps sa carotte pour paraître plus naturel.

- Mais maintenant ? C'est maintenant que vous me dites ça... ? dit le jockey méfiant.

- C'est qu'hier il était encore en parfait état et... »

Tout semblait cohérent aux oreilles du jockey puisque Todd lui avait dit que sans doute il le droguerait. Il était donc fort probable qu'il ne soit pas dans son assiette, qu'il ait eu une mauvaise réaction à la piqûre. C'est pourquoi Plaisant n'émit plus de résistance et une fois rentré dans l'obscurité nécessaire, il eut juste le temps d'apercevoir la seringue que le lapin s'empressa de lui infliger dans le bras, aussi les couleurs oranges que ce même lapin lui échangea, troqua contre les rouges, les couleurs de son ancien propriétaire, William Todd. C'est donc un Plaisant tout neuf qui ressortit et alla sans histoire se peser sous les couleurs de Fernando. Le produit fit effet presque immédiatement, le rendant aussi docile qu'un animal. Il répondit sans histoire à la pesée. Ainsi fut constaté le poids du jockey avec tout son attirail, sa selle et son tapis de selle, sa sangle et sa sursangle, le collier de chasse et le gilet de protection. Tout était en ordre, rien ne manquait à l'appel. « Merveilleux », pensa Samuel, « Tout fonctionne à merveille. » pensa Fernando en écho, observant la scène de loin.

Le tour de passe-passe effectué, le lapin prit les devants de nouveau, allant tranquillement enfermer Plaisant dans le box d'Azazel de manière à ne plus le voir réapparaître qu'à la fin, qu'à la pesée finale. Là-bas il n'avait ni raison de grossir, ni de mincir. La pesée serait une formalité.

« L'état du terrain, l'as-tu mesuré ? demanda Todd, de plus en plus nerveux.

- Oui, oui, ça va, exactement ce qu'il faut, répondit George rassurant.

- Oui, mais exactement combien ?

- Environ 2,5, le *pénétromètre*[13] indiquait presque 3, c'est plutôt une bonne chose, non ?

- Pas trop léger, tant mieux. »

Fernando était lui aussi quelque peu nerveux. Sa vie était en jeu, pensait-il. Au départ, Samuel et lui avaient convenu ensemble qu'il porterait des *œillères australiennes*[14] afin qu'il ne se détourne pas de son objectif mais l'anxiété de tout maîtriser le poussa à les enlever. Quand il rentra dans les *stalles*[15], dans le lot des chevaux au départ, sous les ordres du *starter* – le juge de départ – il était encore plus agité, songeant à Daisy qu'il n'avait pas revue. Nulle part dans les tribunes tandis qu'il avait même reconnu le Docteur Vey, coincé tout en haut. Pas même un

---

[13] Instrument servant à mesurer l'état du terrain. Des valeurs désignent cet état de terrain : 1 = sec, 2 = très léger, 2,5 = léger, 3 = assez souple, 3,5 = souple, 4 = très souple, 4,5 = collant, 5 = lourd, 5,5 = profond.

[14] Chevaux portant des œillères australiennes, en général des peaux de moutons mises sur les joues; cet artifice réduit le champ de vision et incite le cheval à être plus concentré.

[15] Lieu où se mettent les chevaux avant le départ d'une course. Uniquement utilisées dans les courses de plat.

encouragement, pas même un signe. Où était-elle ?

Il devait courir de toute façon, il n'avait pas le choix et même s'il le faisait pour elle, encore une fois c'était avant tout pour lui qu'il se battait aujourd'hui. Le lapin l'encouragea encore tandis qu'il patientait. Son costume orange - sa toque et sa cosaque de jockey – lui seyait parfaitement et faisait illusion. Il était si naturel dans ses habits que personne ne voyait la différence.

Tout le monde s'impatientait, tout le monde s'agitait en faisant de plus en plus de bruit dans les tribunes. On sentait que le coup d'envoi retentirait bientôt. William Todd n'avait qu'une seule crainte, celle qu'Azazel reste au poteau, ne parte pas, ne s'élance pas au galop après l'ouverture des *stalles*. Cependant avant de le voir courir à vive allure, il fallait le trouver. Il le cherchait des yeux comme un ressort, interloqué et animé d'une grande émotion, poussant George, le tirant et le repoussant pour qu'il cherche lui aussi ce que lui ne trouvait pas. Introuvable ! Où était Azazel ? Où était-il ? En même temps, ce n'est pas Azazel qu'il cherchait mais ses couleurs à lui. Elles n'étaient pas là. Pas de rouge, nulle part. Il prit peur tout à coup, se sentit fébrile. Quelque chose lui échappait. Quelque chose clochait. Il n'avait pas l'habitude. Mais non, le rouge n'était pas dans les stalles. Que s'était-il passé ? De ses jumelles qui, selon lui, lui mentaient, il ne voyait rien. « Foutues jumelles ! » lança-t-il en arrachant celles de George. Il voulut se lever pour interrompre le départ, crier, réclamer, hurler même que ce n'était pas possible ! Non, en effet, cela ne l'était pas pour son esprit toujours clair, ses affaires toujours en ordre. Il y avait cependant les couleurs jaunes de Vent en Poupe qu'il avait décidé finalement de faire participer au cas où. Vent en Poupe avait été quelques jours auparavant *supplémenté*[16] contre la modique somme de cent mille euros. L'impensable, l'incroyable, l'inimaginable à ses yeux le pressèrent, d'abord en l'agitant de mille façons, ensuite en comprimant sa vessie d'une prodigieuse envie. Il ne pouvait plus se retenir. Il lui fallait aller là où il n'y avait plus d'autres issues. Il se leva, dépité, défait, déconfit, courant aux lieux d'aisance. Sinon, il allait comme Fernando chez le Docteur Vey, uriner en pleines tribunes. Mais lui n'était pas un cheval, non un homme de sa condition ne pouvait se permettre ce genre de choses. Il prit les marches trois à trois pour aller se soulager. Dans sa course, il croisa le regard du Docteur Vey lequel crut reconnaître le Président de Fernando, à l'allure et la caricature dont il était alors l'objet.

« Là, je le vois ! Il est là, il est là ! cria Domino en apercevant enfin son père dans les stalles. C'est lui ! Malgré sa toque et sa casaque, Domino reconnut son père. Il faut dire que lui comme sa sœur avaient eu l'habitude de voir leur père chaque jour comme un homme-cheval, sorte de centaure.

- Où ? Je ne le vois pas ! Où ? Papa ? Papa ? hurla la petite fille. Sa mère alors lui indiqua les couleurs oranges qui recouvraient son corps. Ah ! ça y est, je le vois ! Papa, papa ! C'est moi ! Je suis là ! Mais Fernando était prêt au départ, déjà loin, prêt à

---

[16]   Engagé après la date de clôture générale des engagements, moyennant le paiement d'un supplément.

détaler.

- Que ces courses sont avilissantes pour nous les chevaux, chuchota Bernard aux oreilles de Mira. Faire courir les chevaux comme ça, parier sur des bêtes, oui juste pour l'argent et amuser la galerie et quelle galerie ! Dire que ces gens-là sont censés aimer les chevaux ! Laisse-moi rire ! » Mira se contenta pour seule réponse d'un baiser au chanfrein du cheval agacé.

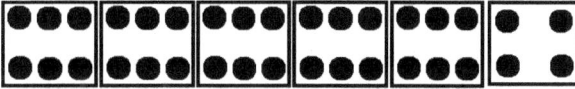

La course était comme un aveu, oui comme un acte de libération, pensa le Docteur Vey, ce qui lui rappela la scène dans son cabinet où Fernando s'était laissé aller à uriner. A ce souvenir, l'envie le prit à son tour, et plus encore quand il y associa Todd qu'il avait vu, quelques minutes avant, s'empresser. Tout cela coulait de source selon lui.

Pendant ce temps, le *carrot-cake* faisait face à Daisy qui, la pauvre, se demandait comment sortir de là. Elle frappa tant à la porte que les hommes de main de George accoururent aussitôt. Elle prétexta que le *carrot-cake* n'était pas à son goût, qu'il n'était pas bon.

« Comment ? fit l'un d'entre eux.

- Oui, il est mauvais. Il a un goût de… J'en veux un autre.

- Mais nous n'en avons pas d'autres, dit l'autre.

- J'en veux un au…

- Mais vous ne l'avez même pas goûté, reprit le premier.

- Mais si parfaitement… » répéta-t-elle.

Ils rentrèrent dans la cellule pour constater, en effet,

qu'elle n'avait pas touché au gâteau de carottes. Elle saisit un morceau qu'elle avala sur le champ tout en répétant qu'il avait un goût exécrable. Et, en effet, il avait un drôle de goût. « Allez-y, goûtez vous-mêmes, vous verrez » leur lança-t-elle comme un défi. Les deux hommes méfiants en prirent une bouchée avant de la recracher aussitôt. Au moment où ils crachaient leur morceau, elle hennit et se cambra avec tant de véhémence que les deux hommes de main avalèrent de travers une partie du *carrot-cake* avant de tenter de fuir ! Elle se mit alors en train. Pas un *train de sénateur* mais bien un train soutenu. Elle n'avait pas de temps à perdre. Le départ de la course avait-il retenti ? Elle courait pour tenter de prévenir Fernando. Direction Longchamp. Le temps lui était compté et pas seulement pour prévenir Fernando. Elle courait, dépassant son propre corps dans l'allure qu'elle s'imposait quand bientôt elle ressentit une forte chaleur dans le bas-ventre, sorte de contraction douloureuse. Le poison faisait effet bien qu'elle n'en avait avalé qu'une bouchée. Mais elle était tant dans l'effort de vivre qu'elle ne ressentit pas la chose à sa juste corde. L'idée qu'elle devait prévenir Fernando, l'idée aussi de le retrouver en vie lui donnait plus de force, décuplait ses capacités de jambe. Bientôt elle comprit d'où venait cette douleur, comment son corps avait été atteint. Ce *carrot-cake* était signé, signé de ce George dont dès le début elle aurait dû se méfier. Mais elle continua de courir comme une sorte d'impératif qui faisait écho à celui de Fernando qui alors même devait lui aussi être sur les dents. Le coup d'envoi avait été lancé ! Les vingt-quatre chevaux s'étaient expulsés des stalles d'une manière prodigieuse et galopaient alors à tout rompre. Tous deux étaient en écho l'un de l'autre comme une incroyable chevauchée. Fernando rasait le tapis. Il était tête et corde, ne lâchait pas l'objectif qu'il s'était imposé. La course serait courte mais paraîtrait une éternité à ses jambes qui devraient avaler deux mille quatre cent mètres de plat sur gazon. La corde à droite, lui restait dans le sillage le plus serré. Il n'ignorait pas courir avec ces vingt-trois partants qui tous avaient fait leurs preuves – c'est ce qu'il croyait – tous avaient réalisé d'étonnantes performances. Mais il gardait le bon bout. Il était en tête, très sollicité, rejoint toujours par ce peloton qui jouait sans cesse à couteaux tirés. Fernando était calé à la corde et n'en bougeait pas. Il lui fallait cependant pour ne pas perdre sa place conserver cette folle allure avec laquelle il était parti en trombe. Parfois aussi il devait redresser la tête pour justifier de sa qualité de jockey dans son costume orange, pour prouver qu'il n'était pas seul. Il avait confiance de remporter la victoire, commençait même de s'y installer, il livrait bataille avec une force qui l'étonnait en même temps, malgré la ténacité de ses autres concurrents. Tout à coup, alors qu'il entamait les six cents mètres de ligne droite avant la fin, il reconnut à ses talons puis à ses côtés Vent en Poupe qui, déterminé, semblait le défier. Que faisait-il là ? Todd ne l'avait pas prévenu de sa présence. Encore un mauvais coup. Il conservait quelques longueurs d'avance, mais peu à peu il se rapprochait, l'air menaçant. Son jockey aussi ne faisait pas bonne figure dans l'œil de Fernando, s'agitant, cravache à la main. Dans la foule, on entendait des cris de toutes parts, de toutes parts des voix qui poussaient leur cheval, soufflaient plus fort pour les faire avancer plus vite ! « Azazel ! Azazel ! criait une partie de la foule. Azazel ! Azazel ! » retentissait à ses oreilles non plus comme un nom insupportable, non plus en effet comme une chose indésirable ! La donne avait changé, il pensait plutôt à la victoire, à ce V qui tout à coup lui rappela les oreilles du Docteur. Ce V de la victoire résonnait à ses pensées comme aussi il entendit dans cet arc de triomphe tout ce chemin qu'il avait parcouru depuis, en effet, cet arc à la jambe de Daisy qu'il avait reconnu jusqu'à ce même arc de triomphe que formait la lettre V et qu'il allait en ce moment même chercher. Mais tandis que ses pensées voguaient, il ne s'aperçut pas que Vent en Poupe dans le sillage voisin était en train de le dépasser !

Qu'ai-je fait ? s'exclama-t-il soudain à l'intérieur de lui-même ! Tout ce qu'il avait construit jusque-là, tout ce qu'il s'était donné comme ordre, comme nouvel ordre pour sa nouvelle vie, tout cela était en train de s'écrouler et cela juste pour le plaisir de s'entendre jouir d'une situation qui n'était pas encore arrivée ! Non ! Il fallait réagir au plus vite ! Reprendre sa propre bride ! Mais Vent en Poupe avait bien doublé son aîné. Il était devant lui à quelques centimètres d'avance. Dans la foule, soudain, des cris retentirent à ce qui venait de se produire !

« Papa, papa ! plus vite ! plus vite ! hurlait Domino que sa mère tentait de dominer.

- Papa ! papa, ne te laisse pas faire ! vas-y ! vas-y !

plus vite ! » renchérit Ânette. Leur mère assistait avec un sourire amusé à la vive animation de ses enfants tandis que Bernard au critique de cet instant de lutte fratricide entre les deux chevaux dressa ses propres oreilles. Sentant là dans son intuition animale qu'il se jouait autre chose qu'une simple course de petits chevaux, il se prit au jeu.

Des voix qui hurlaient de toutes parts, une cependant s'éleva plus haut, criant plus fort. C'était la voix désespérée de Todd qui se détachait du peloton de voix tant sa hargne et sa rancune étaient grandes. Où était-il ? Coincé, bloqué dans les toilettes, il s'accablait de ne pas pouvoir assister à cette course mythique. Son vœu le plus cher depuis quelques mois partait en fumée, prisonnier dans de sombres cabinets. C'est ce que put réaliser en effet le Docteur Vey quand lui-même voulut aller aux toilettes. Un homme était là, un homme qui hurlait à la mort à la manière d'un cheval que l'on va abattre. Il repensa à son rêve, à cette histoire de cheval qui occupait son cabinet. Il ne put autrement qu'avoir de la pitié pour cet homme. William Todd dans son extrême agitation avait bloqué le système d'ouverture et ne pouvait plus sortir. Ironie du sort, son cheval Vent en Poupe venait de doubler son autre cheval qui le talonnait, Azazel. Quand Todd entendit la présence d'un autre homme dans les toilettes, il hurla, d'une voix suppliante et menaçante à la fois. Il lui intimait l'ordre de le faire sortir au plus vite, que c'était une question de vie ou de mort.

« Faites-moi sortir de là ! faites-moi évacuer de ces cabinets ! hurla-t-il.

- Ecoutez, je ne sais qui vous êtes, mais sachez que

je n'ai pas les clés de tous les cabinets, comme la clé à toutes les solutions. De plus, on n'est jamais mieux servi que par soi-même, rajouta Vey qui savait de quoi il parlait, surtout quand on a l'habitude de se servir des autres... rajouta-t-il.

- Que dites-vous ? cria Todd qui n'en revenait pas.

- Je dis qu'on paye le prix de chaque chose !

- Quel prix ? Quelle chose ? » se résigna Todd, enfermé dans les cabinets.

Vey se dit alors en repartant qu'il n'était sans doute pas venu pour rien à l'hippodrome. D'autant moins que quand il reparut dans les tribunes, la foule était au comble de l'agitation. Il ne restait plus que deux cent mètres, un peu moins de deux cent mètres et Vent en Poupe qui portait bien son nom conservait la tête. En une seconde où le jockey de Vent en Poupe fit un *appel de langue*[17] pour l'inciter à accélérer, Fernando s'aperçut plus avant que son adversaire l'avait largement devancé. Mais là, à cet instant, ce n'est pas la course qui fit élever le niveau sonore, grandir le délire de la foule, non ! Un miracle eut lieu, en pleine piste, là sous des yeux ébahis, retournés ! L'inouï se produisit. Daisy, rentrée sur la piste au milieu de cris et d'une foule brûlante, courait à vents contraires, en sens inverse. Que faisait un autre cheval sur les pistes ? Comment était-elle entrée ? Son regard cherchait désespérément celui de Fernando qui, lorsqu'il la vit, à son tour se réveilla subitement ! Il accéléra, trouva une ouverture dans le peloton de tête qui l'avait rejoint,

---

[17] Bruitage effectué par un jockey pour inciter le cheval à accélérer.

réussit à s'extraire du peloton dans une lutte acharnée avec son pire concurrent, sans bousculade réussit une sacrée réplique tout au long de ces derniers mètres ! Ils se touchaient presque quand il ne restait plus que dix mètres ! Azazel qui avait été comme un avion à l'entraînement soudain se souleva, manqua de s'envoler tant ses jambes prononcèrent un incroyable mouvement. Il faut dire que le regard éperdu de Daisy en face l'avait tout à coup submergé, rappelé à l'évidence de la victoire, à l'urgence de vivre, attiré à elle avec une puissance inimaginable ! Il précipita sa course, intimant l'ordre à ses jambes d'être plus qu'elles n'étaient, leur réclamant plus qu'elles ne pouvaient donner. Et toujours dans les yeux de Daisy, c'est comme s'il voulait dans l'empressement y plonger à tout jamais ! La question de vie ou de mort, c'est elle qui la portait dans son regard, c'est elle qui lui renvoya soudain ce qu'il venait de voir disparaître à l'instant quand Vent en Poupe lui avait balayé tout espoir. Il hennit en se précipitant de l'avant ! La foule répondit à ce cri avec plus de clameur encore ! Pour une fois et la seule de sa vie, il entendit la foule le porter, l'élever, le délivrer ! Oui, il entendit la foule de son côté et non plus contre lui ! Par-dessus la foule alors il sauta ce passé qu'il enfouit soudain en courant vers elle, vers Daisy ! Il passa la ligne d'arrivée avec une tête d'avance ! Le juge au poteau signala la victoire ! Restait à attendre le verdict final, après enquête, voir s'il n'y avait pas de réclamation. Daisy arriva quasiment sur la ligne et là, alors qu'elle cherchait à murmurer à l'oreille de Fernando quelques mots, elle s'effondra. Juste le temps de dire « Ils t'ont empoisonné eux aussi... » Fernando qui ne comprenait rien de ce qui se passait, pas un traître mot, se mit à hurler, ne comprenant pas d'abord comment Daisy était à quatre pattes - par quel enchantement elle avait retrouvé sa posture, sa position d'origine ! - elle qui était devenue une femme depuis longtemps, puis ensuite pourquoi elle parlait d'empoisonnement en s'effondrant. Cela faisait trop d'émotion en même temps. George Truman-Horse qui ne s'était en rien soucié de savoir où était Todd n'en revenait pas d'apercevoir cette femme avec qui il avait partagé sa vie sous ses yeux courir sur la piste. Inimaginable ! Mais il n'y avait pas que lui qui s'étonnait et s'émerveillait à la fois de cette rencontre impensable entre le vainqueur de l'Arc et cette jument étrangère qui venait de faire irruption en plein sur les pistes. La foule était comme un seul homme, pincée au cœur, prise à la magie et l'émotion du moment, resserrée plus encore au spectacle auquel elle avait assisté, resserrée à l'étreinte des deux chevaux et ce moment où Daisy s'était effondrée. La course avait eu tout à coup un sens ! faisant oublier tous les paris, tout un argent qui était parti en fumée ! La fumée d'un feu qui avait brûlé, consumé tous les spectateurs !« Quel triomphe ! » lança Samuel en s'approchant de Fernando. « Quel triomphe ! », répéta-t-il.

« Appelle au plus vite une ambulance, Daisy est sur le point, peut-être de... Il ne pouvait terminer sa phrase tant il était submergé par l'émotion, tant il ne possédait plus en cet instant de souffle.

- Entendu ! Ensuite, dit-il en baissant la voix, je vais chercher Plaisant ! Il ne faut pas l'oublier... »

« Papa ! papa ! hurlaient les enfants ! Il a gagné ! il a gagné, c'est le meilleur, je le savais, entonna Domino qui ne se dominait plus tant sa joie était inexprimable.

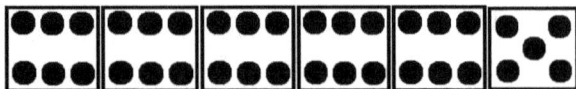

George Truman-Horse comprit alors qui était sous les couleurs orangées. Lui non plus et le premier n'en revenait pas. Mais tout à coup l'absence de Todd le frappa, le ramena à une sourde réalité. Il se souvint alors qu'il était parti précipitamment aux toilettes sans rien dire. Il s'y dirigea, curieux et inquiet de ce silence prolongé. Quand il arriva, il entendit la voix désespérée de son ami qui râlait et insultait, criait qu'on le laissât sortir. George prévint la direction qui se plia en quatre pour le libérer.

Entre temps, une ambulance était arrivée, non plus étonnée d'avoir à faire à une jument qui avait des allures de femme. Daisy fut d'urgence emmenée à l'hôpital le plus proche du champ de course de Longchamp, l'hôpital Ambroise Paré. Là, elle subit un lavage d'estomac pour tenter d'être sauvée avant que le poison n'ait atteint l'organisme. Puis un traitement de cheval. Samuel fit ressortir Plaisant qui, même s'il titubait, alla à la pesée de nouveau sans émettre aucune résistance. Il ne comprenait rien de ce qui lui arrivait, toujours sous l'effet des drogues. George Truman-Horse non plus ne comprenait rien et lui pourtant n'avait rien pris. C'est ce qu'il tenta de dire à William Todd qui lui ne pouvait accepter cette situation. Pourquoi et comment ce jockey avait-il changé de couleurs ? Pourquoi et comment, en effet, quand Todd lui avait promis une forte somme d'argent ? Lui avait-on proposé davantage ? Ce Plaisant avait-il voulu le doubler, lui ? Et sinon lui, qui alors ? Pas ce cheval ou ce lapin, non, ce n'était pas croyable. Dans tous les cas, il fallait faire une réclamation à la Société mère des courses, enquêter, faire quelque chose. Il y avait erreur sur la désignation du vainqueur puisqu'Azazel ne portait plus les couleurs rouges sous lesquelles, en principe, il avait été enregistré, oui, une anomalie qui sans doute annulerait la course et nécessiterait qu'on court de nouveau. Ceci n'échappa pas à Samuel qui avait prévu cette réaction. Et quand William Todd fut libéré, ce dernier était remonté comme jamais. Remonté plus loin jusqu'à ce souvenir d'enfance où une petite fille très belle d'environ 4 ou 5 ans l'avait lui Todd, enfermé dans les cabinets et obligé à l'embrasser. Lui, l'orgueil d'abord, l'avait repoussée, exigeant qu'elle le laisse sortir. Mais elle, toujours le maintenant à l'intérieur, avait ouvert la sorte de hublot puis était montée sur la cuvette et avait crié haut et fort qu'elle l'aimait, comme une annonce publique ce qui chez lui avait provoqué un embarras énorme, exactement comme lui aujourd'hui avait hurlé de désespoir qu'on arrête la course et qu'on le libère de là, après s'être enfermé malgré lui.

Sa mémoire avait cherché à répéter la chose, à

répéter ce rôle de victime que plus tard il ne connaîtrait plus jamais. Mais là, peut-être pour ce qu'il sentit aussi que la situation lui échappait, que Fernando n'était pas à sa merci comme toujours on l'avait été avec lui, là peut-être pour cette sorte de glissement, sa mémoire avait été chercher, avait pu se rendre là, à cet endroit du souvenir qu'il avait toujours depuis recherché secrètement tout en cherchant évidemment à le fuir. Pour la seule fois de sa vie, cette petite fille avait eu la main mise sur lui. Et lui qui toujours décidait de tout, tout à coup, il se demanda où était cette petite fille, qu'était-elle devenue ? C'est cette question qui avait pris le pas ce jour-là, sous prétexte de la course, l'avait évidemment mis dans une telle furie qu'on crut avoir à faire à un fou. Et pourtant, William Todd était connu dans le milieu pour être quelqu'un de difficile, violent parfois mais là, il n'était plus reconnaissable. Lui-même ne se reconnaissait pas. Quand George tenta non sans peur de raconter ce qu'il avait vu, il se rendit compte qu'il avait à faire à quelqu'un qui ne savait plus où il était, il ne savait plus où donner de la tête.

« Le poison n'a pas fait effet ? demanda Todd.

- Pas encore, pas encore... il semble, répondit George qui une heure après la course n'avait rien observé d'anormal chez Azazel. Etrange, je pense que...

- Quoi ? Qu'est-ce qui s'est passé ? Je ne comprends plus rien ! agitant tous ses bras. Où est-elle ? cria-t-il, je veux dire... Où est-il ? Son inconscient ramenait le souvenir de la petite fille à la place du cheval.

- Il est là ! Là et le lapin aussi ! Ils nous narguent là ! Fernando et Samuel croquaient des carottes qu'ils avaient bien méritées ! Les carottes du Triomphe !

- Où ? Où ? s'affolait Todd, cherchant comme une taupe sous terre l'objet du dehors.

- Là, répéta George, tandis que son ami courait déjà à leur rencontre.

- Vous me le paierez ! vous me le paierez ! cria-t-il dans tous ses états à Samuel et Fernando qui le considéraient comme on considère un fou, c'est-à-dire avec une sorte d'indifférence.

- Non, c'est nous qui allons être payés, se contenta non sans ironie de répondre Samuel. Nous l'avons bien mérité !

- Je ne plaisante pas, cette course était la mienne ! Ce cheval m'appartient ! hurlait-il, tout en désignant Fernando qui dans son costume ignorait ses paroles comme sa personne qui s'agitait de mille bras. A la manière d'un enfant, William Todd comme s'il voulait retrouver la petite fille des cabinets, s'isola, boudant, partit se recueillir pour trouver une solution à toute cette bousculade qui avait eu lieu en lui-même. Il s'assit plus loin comme sur une cuvette.

A cet instant, le Docteur Vey comme une pièce de puzzle passait par là. Il trouva William Todd la tête dans les mains.

« C'est donc vous qui étiez dans les cabinets, commença le docteur.

- ... Quoi ? Qu'est-ce que vous voulez ? Qui êtes-vous ?

- C'est à moi que vous vous êtes adressé dans les toilettes.

- Vous êtes qui ?

- Le Docteur Vey.

- Docteur Vey ?

- Et vous êtes William Todd, n'est-ce pas ?

- Comment le savez-vous ?

- Et vous ? Comment avez-vous réussi ?

- Réussi ? Qu'est-ce que j'ai réussi ? s'énerva-t-il plus encore en pensant à l'échec de la course. Réussi ? Vous vous fichez de moi ?

- Pas du tout. Vous avez bien réussi à vous enfermer dans les cabinets alors que… ?

- Alors que quoi ?

- Alors que se jouait une des courses les plus importantes pour vous. Peut-être était-ce plus essentiel pour vous de vous enfermer ? Pourquoi ? Peut-être y avait-il une raison, une raison supérieure à tout gain, une raison que vous ignorez encore ?

- Quoi ? Vous dites ? Dans la tête de Todd, il y eut une sorte de vague, une vague que le passé envoyait au présent pour ramener cette scène de la petite fille. Une vague qui plus elle refluait en lui, plus allait l'abasourdir. Il se calma comme jamais. Quand il reprit un peu de ses esprits, toujours animé par cette vague apaisante en lui, il considéra le Docteur Vey avec intérêt. Qui êtes-vous ?

- Le Docteur Vey, je vous l'ai déjà dit.

- Ah oui, c'est vrai.

- Venez me voir jeudi, rue de l'Abreuvoir. Là-bas vous saurez. » lui dit le Docteur en lui tendant sa carte. Pour la première fois, William Todd accepta d'être aidé. Un soulagement s'empara alors de son être comme si lui aussi abordait un tournant de sa vie.

Quelques heures après la course, le verdict tomba.

William Todd, encore dans la résonance des paroles du Docteur Vey, se fichait bien des résultats de la course et renonça même à incriminer Fernando, abandonna toute réclamation. Les couleurs oranges étaient bien celles de Fernando et non celles de Todd. Le jury n'eut alors aucun mal à trancher même s'il ne comprenait pas pourquoi et comment il y avait deux certificats de propriété du même cheval. Mais les images de la course que les commissaires repassèrent en vérification étaient formelles. La couleur orange seule avait couru. Pas de rouge. Nulle part, ni à la pesée de départ, ni à celle d'arrivée. Fernando remportait donc la course en tant que cheval et en tant que propriétaire, sous le nom d'Azazel, le cheval de son enfance et de Fernando Gas, l'homme-cheval qu'il était devenu. Le jury n'y avait vu que du feu. L'exploit était d'autant plus grand. Le Docteur Vey, quant à lui, ne s'en étonna point. Il savait que la croyance en son propre désir est plus forte que la réalité des yeux. Que la frontière entre l'homme et le cheval n'est qu'un obstacle que l'un comme l'autre et à tout instant peut franchir…

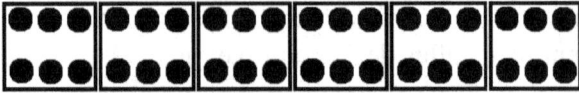

Quand Daisy se réveilla, des bouquets de salades et de carottes embaumaient partout la vue comme les nasaux dans la petite chambre où elle reposait. Elle n'était pas encore tout à fait remise mais déjà ce vert et cet orange qui lui rappelait les couleurs de la course, l'enchantèrent même si, peu après, cela lui rappela aussi le *carrot-cake*...

Sur son trente-et-un, Fernando arriva, plus vainqueur que jamais, plus heureux encore d'apprendre qu'elle était revenue à la vie et qu'elle allait mieux. Devenu millionnaire grâce aux gains de la course, chaque jour il lui envoyait des fleurs, des bouquets en tous genres, à celle en effet qui fleurirait ses jours. Le trac comme le nœud à sa gorge serrée ne l'empêchèrent pas de toquer à la porte.

« Entrez, fit-elle, la crinière défaite qu'elle chercha en l'instant à ajuster, de ce geste qu'elle avait toujours prononcé. Fernando l'aperçut au moment où il entra dans la chambre.

- Bonjour Daisy.

- Fernando ? Quelle surprise... Toi !

- Oui... fit-il en avançant, timide.

- Alors toi aussi tu es en vie !

- Plus que jamais !

- Et moi qui croyais que c'est toi qui courais un danger quand je ne savais pas, oui j'ignorais qu'on m'avait empoisonnée.

- Je courais un danger de toute façon en courant cette course, tu avais raison. Ce Todd et ce Truman-Horse méritent les verrous !

- Qu'ils aillent au diable !

- Et moi, je…

- Oui… ?

- Je… Je suis venu, dit-il empli d'émotion après tout ce qui s'était passé ces derniers jours, je… Je suis venu avec cette… Sa main prononça la fin de la phrase en dévoilant la chevalière qu'il avait apportée, cette chevalière qui était le lien entre eux comme celui aussi de leur passé à ce présent.

- Fernando ?

- Non, écoute-moi… s'il te plaît, écoute-moi…

- Fernando ?

- Attends ! Voilà ! appuya-t-il de la voix pour se donner plus d'assurance, voilà, je veux t'épouser ! Je veux de nouveau t'enfiler cette chevalière au doigt, en guise de… je veux dire comme preuve…

- Non ! Je ne peux pas ! dit-elle au grand étonnement de Fernando.

- Quoi ?

- Tu as bien entendu… je ne veux pas.

- Mais je croyais que… Après tout ce qui s'est passé, je pensais en effet…

- Je ne veux pas, je te dis.

- Tu ne veux pas.

- Pas comme ça.

- Alors comment ?

- Le jour de notre mariage, cher Fernando, pas avant, je ne veux plus revivre…

- Je te jure, de toute ma vie…

- Je sais, je sais ! Mais pas avant… »

Ils se serrèrent dans les bras l'un de l'autre comme s'ils ne s'étaient jamais quittés. Cette course avait effacé la partie de leur passé d'homme et femme, un passé qui n'était plus de circonstances à leurs âmes retrouvées de chevaux.

Fernando retourna une dernière fois rendre visite au Docteur Vey, rue de l'Abreuvoir.

« Alors vous avez gagné ? En homme comme en cheval !

- Oui ! Et plus encore que je ne le pensais ! J'ai retrouvé Daisy, la seule jument, le seul être en effet que j'ai jamais aimé ! Nous nous sommes rendu compte que nous étions des chevaux et non des hommes même si la frontière est mince.

- Je vois. Elle aura misé sur le bon cheval !

- Vous avez vu en effet beaucoup de choses. Je vous remercie. Et puis, une autre chose aussi je voulais vous dire…

- Allez-y.

- Oui, j'ai compris une chose importante.

- Je suis tout ouïe, dit non sans sourire le Docteur qui repensait à ses oreilles…

- Qu'on soit riche, qu'on soit pauvre, qu'on soit homme ou cheval… on paye le prix de chaque chose, oui on le paye dans un sens comme dans un autre, dans le bon comme dans le mauvais… Aujourd'hui je paye le prix d'avoir cru être un homme, comme celui d'avoir accepté à ce jour d'être un cheval… Je n'ai rien perdu, rien gagné, il ne s'agit pas de gain ou de perte, je n'ai fait que d'aller là où j'avais toujours été, depuis le début.

- N'est-ce pas là une fin imbécile ?

- Je ne suis qu'un cheval ! » dit Fernando.

Quand il sortit, il croisa William Todd qui, le regard déjà autre, le salua poliment.

« Bonjour, Monsieur Gas.

- Bonjour.» répondit Fernando.

Tous ensemble, Fernando, Daisy, Samuel, Mira, Bernard sans oublier les enfants, fêtèrent la victoire, le triomphe de leur succès. Puis Fernando et Daisy se marièrent. Là encore les réjouissances eurent lieu. Plus tard encore, ils projetèrent de s'établir en Normandie. Dans l'idée d'aider leur prochain, ils firent construire un haras où ils élevèrent de jeunes enfants. Ce n'était pas là une revanche sur leur époque passée mais bien l'aboutissement d'une démarche à tous deux personnelle qui avait élevé le rang animal au même que celui des hommes. Et Vey qui était venu leur rendre visite à cheval ne manqua pas une fois de plus d'évoquer cette étrange ligne :

« La frontière entre l'homme et le cheval n'est qu'un obstacle que l'un ou l'autre et à tout instant peut franchir. Samuel le lapin acquiesça. Lui aussi était présent. Il venait souvent les voir en train dans lequel il travaillait aussi désormais.

- Oui, mais on paye le prix de chaque chose, dit Fernando tandis qu'il enlaçait Daisy.

- Homme, cheval, tout cela n'est qu'une affaire de mots, dit le lapin.

- On l'aura compris ! » conclut Vey.

ISBN 978-2-9557574-0-6
Edité par Olivier Milhaud
o.milhaud@gmail.com

Imprimé par Createspace
Dépôt légal : Septembre 2016

www.ingramcontent.com/pod-product-compliance
Lightning Source LLC
Chambersburg PA
CBHW060248050426
42448CB00009B/1591